PAUL GUTH

Lettre ouverte aux futurs illettrés

PAUL GUTH

Lettre ouverte aux futurs illettrés

AM

Albin Michel

La collection « Lettre ouverte »
est animée par Jean-Pierre Dorian

22, rue Huyghens, 75014 Paris

ISBN 2-226-00995-7

A Éric Bonnier
élève de 3e A

Cinquante millions de taupes

Jacques,

Je te rencontre tous les jours dans la rue. Tu te rends sans doute au lycée. Tu aurais pu être mon élève. Si je n'avais pas eu une gorge en papier de soie, je serais toujours professeur. Mais, en méridional transplanté à Paris, je traînais d'angines en grippes. Je n'avais pas la force de parler une heure. Au bout de quarante-cinq minutes, je croyais mâcher des clous.

Nous ne nous sommes jamais adressé la parole. Ton regard ne croise pas le mien : pendant la guerre, sur ce même trottoir, nous ne croisions jamais celui de l'occupant. Mais, en réalité, dès que je t'aperçois, je commence à te parler. Je continue pendant ma promenade. A personne je n'ai autant de choses à dire.

Je t'écris parce que j'étouffe. Parce que tu es toi, et tous les autres. Né plus tôt, tu serais peut-être moi.

J'ai quitté l'enseignement comme un blessé de guerre, la gorge en miettes. Mais je suis resté dans l'âme « membre du corps enseignant » de cette Église « militante », « souffrante », jamais « triomphante ». Jamais sûre de ses fruits, récoltés trop tard.

Pourquoi te nommer « Jacques » ? Tu t'appelles peut-être François, Pierre, Hubert ? Ou Caroline, Brigitte, Sophie ? En te parlant, je m'adresse aussi aux filles.

« Jacques » : ancien sobriquet du paysan français. A travers toi, je parle à tous les Français. Ils descendent presque tous de paysans, même si, comme toi, à Paris, ils sont devenus de la poussière d'asphalte. « Faire le Jacques » : comme le peuple, le niais, la dupe, le cocu. Quand des meneurs attisent sa colère de bétail des révolutions, c'est une « jacquerie ». « Jacquot, Jacquot » : slogan des perroquets.

Pourquoi t'avoir choisi pour parler à tous les Français ? Parce que tu es l'avenir. L'école, lieu capital de la société. En cas de troubles, on garde militairement les centraux électriques et téléphoniques, les gares, les aéroports, la Radio, la Télévision. On devrait garder les écoles. Les voilà, les vraies centrales nucléaires ! Dès qu'une fissure d'un milliardième de cheveu se déclare dans une centrale atomique, on crie à l'Apocalypse. Si les murs psychologiques de l'école s'effondrent, personne ne bouge.

Nous remuons ciel et terre pour chercher des économies d'ÉNERGIE, des ÉNERGIES de remplacement. Or, l'école est le condensateur suprême d'énergie. Les autres sources d'énergie actionnent les machines, les trains, les avions, les bateaux, les voitures, ici et maintenant. L'école fabrique l'énergie de l'avenir. La France de demain sera ce que la fait l'école d'aujourd'hui.

Les princes qui nous gouvernent nous invitent à regarder non plus « la ligne bleue des Vosges », mais l'horizon de l'an 2000. C'est de la fenêtre d'une école que je veux le découvrir. De l'observatoire le plus haut, de la cime qui alimente tous les affluents du futur. De ce belvédère je hurle de terreur. Vers ceux qu'on appelait jadis « les Français ».

De glissements en dissolutions, de rongements en écroulements, nous avons été minés, creusés, grignotés. Poussés par les ennemis de la liberté, les taupes françaises ont foui leur propre chair. Leur cerveau, leur moelle épinière, leurs nerfs, leurs muscles, leur sexe. Cinquante millions de taupes vides, aveugles, anesthésiées, poursuivent, hallucinées, les activités pour lesquelles on les a programmées : conduire leur voiture, travailler au champ, au bureau, à l'usine, « métro-boulot-dodo », manger, copuler, se reproduire, ressasser les slogans de leur cassette idéologique. Le soir, un cercle de muets boit au Léthé de la Télé. Veillées criminelles, où tes parents, Jacques, te coupent la langue : « Chut !... Bouche cousue : Télé ! » Jadis, autour de la soupière fumante du dîner, ils racontaient leur journée. Sur le mode rieur, sans le vouloir, ils initiaient leurs enfants au vocabulaire français, en déroulant la chanson de geste de la vie.

Aujourd'hui, il y a des Bretons, des Basques, des Alsaciens, des Catalans, des Occitans, des Corses, des communistes, des socialistes, des radicaux, des UDF, des RPR, des auditeurs, des téléspectateurs, des lecteurs, des usagers, des supporters, des syndicalistes, des contribuables, des consommateurs... Plus de Français. Quand ils s'adressent à nous, nos dirigeants ne savent comment nous parler. Dans mon enfance, aux réunions électorales du soir, sous la Halle de Villeneuve-sur-Lot, juchés sur une estrade qui puait la morue, avant l'invention du micro, de la radio, de la télé, les orateurs, cramoisis, couinaient de vibrants « Citoyens ! » Aveuglé par des ampoules électriques qui se balançaient au plafond, enfiévré par cette invocation patriotique, dressé sur la pointe de mes petits pieds pour voir, je tombais de sommeil et d'orgueil.

Maintenant, ils disent : « Madame, Mademoiselle,

Monsieur. » Les jambes croisées, ils s'adressent à nous comme dans une réunion de colocataires. « Les temps sont durs, disent-ils. Le monde est dangereux. Nous risquons de manquer de pétrole. » Ils n'osent pas nous avouer que nous risquons d'être volatilisés par les bombes atomiques. Ils nous emmaillotent d'ouate. Pour que nous connaissions la vérité, il a fallu que trois rabbins rêvent simultanément à la fin des temps : le rabbin Seneerson, chef spirituel de la puissante secte religieuse juive des Hassides de Loubavitch, à New York ; le rabbin Halberstains, de Nathanya ; le rabbin Israël Abuhatzira, du Néguev.

Le 1er janvier 1979, en pleine basilique de Saint-Pierre, au cours de la messe, du haut de son trône, coiffé de la mitre, dans l'exercice de son pontificat, le pape Jean-Paul II déclara : « J'ai reçu récemment de quelques savants un rapport de synthèse qui décrit ce que seraient les conséquences immédiates et terribles d'une guerre nucléaire : la mort, par l'effet direct ou retardé des explosions, d'une population qui pourrait s'élever de 50 à 200 millions de personnes ; – une réduction foudroyante des ressources alimentaires, causée par la radio-activité ; – des mutations génétiques imprévisibles atteignant l'espèce humaine, la flore et la faune ; des altérations considérables du contenu d'ozone de l'atmosphère ; dans une ville atteinte par une explosion nucléaire, la destruction de tous les services urbains et la terreur provoquée par le désastre empêcheraient d'apporter le moindre secours aux habitants et créeraient un cauchemar d'Apocalypse. »

Dans cette homélie, un scribe avait remplacé APOCALYPSE par TERRIBLE CAUCHEMAR. Le pape rétablit APOCALYPSE.

Nos maîtres ne parlent même pas de « terrible

cauchemar », mais de « train de vie », de croissance faible, de réduction du temps de travail, d'amélioration de sa qualité, de retraite anticipée. Ils n'osent pas nous dire que, d'une minute à l'autre, du haut de nos coussins, radiateurs, baignoires, savonnettes au jasmin, monceaux de victuailles de notre société de consommation, nous pouvons être précipités dans l'âge des cavernes.

Du bout des lèvres ils nous demandent de la raison, du courage. Sur un ton de condoléances, ils louent notre sens de l'effort.

Soudain, les plus conscients de nous pêchent quelques bribes de lucidité dans la motte de beurre qui leur tient lieu de cerveau... Autrefois, derrière nos responsables, il y avait quelque chose, quelqu'un, au nom de qui, de quoi, ils parlaient. Dont ils étaient l'émanation, le reflet, les serviteurs. En latin *minister* (ministre) signifie « serviteur ». Le pape se dit parfois « le serviteur des serviteurs de Dieu ».

Le garant des propos de nos maîtres était une grande figure, non abstraite, comme les statues du Commerce et de l'Industrie sur nos places, mais charnelle, splendide. Pour les visionnaires (nous le sommes tous à nos heures) une forme de femme, aussi reconnaissable que la Vierge peinte par Raphaël, ou que celle qui éclipsait, aux yeux de la bergère Bernadette, la plus belle dame de Lourdes. Parfois les artistes, comme Rude à l'Arc de Triomphe, dotaient cette femme d'ailes immenses. Le général de Gaulle la comparait à une princesse lointaine, à une sainte de vitrail. Les plus obtus la percevaient dans un rayonnement de livres de prix, dorés sur tranche, dans un chant de coq à l'orée d'un village, dans le pétillement de lumière d'une rivière entre les saules, dans un visage de jeune fille à sa fenêtre, dans une façon de prononcer les *r* ou de rejeter ses cheveux, autant que dans les dates de Marignan, d'Austerlitz ou que dans le crépitement du bûcher de « Jeanne, la bonne Lorraine, qu'Anglais brûlèrent à Rouen ». Cette fée en robe de prairies, cette reine en traîne de gloire, emmenant dans son sillage fleuves, cathédrales, larmes, victoires, et l'acharnement de ceux, rois, curés, manants, républicains, qui, en tant de siècles, façonnèrent notre pré carré, cette vision de grâce et d'ardeur c'était la France.

Plus qu'une tache sur une carte, qu'un symbole, qu'une allégorie, l'incarnation de chacun de nous, de nos biens, de nos amours. Avec l'élan collectif, parti du fond des âges, qui nous projette dans l'avenir. Membres d'une famille, qui s'engueulent comme des dogues, mais qui s'aiment bien, parce qu'ils ont même sang, mêmes tics, mêmes rengaines, et qu'ils sentent profondément que, malgré leurs différences, ils rament sur le même bateau.

Après ce couplet, tes mauvais maîtres, Jacques, vont goguenarder (je les entends d'ici) : « En avant la musique ! » Ne les écoute pas ! Nous crevons de ne plus avoir de musique. Je ne parle pas de musique militaire. Les autres, d'ailleurs, ne se privent pas de ces musiques, et de ces défilés au pas de l'oie. Regarde-les à la télé. Tu en entendras parler encore plus, bientôt, quand il sera trop tard.

La musique à laquelle je pense n'est pas celle des grosses caisses qui accompagne le martèlement des bottes, mais la musique intérieure, élargie en musique collective. L'idée charnelle de la France l'offrait à chacun de nous, pour motiver ses actes et désigner son avenir.

Voilà ce dont on te prive, Jacques, non par étourderie ni négligence, mais sciemment, selon un plan prémédité, que Jules Romains dénonçait, dès 1966, dans sa *Lettre ouverte contre une vaste conspiration.* Depuis longtemps on a tout fait pour te défranciser. Pour t'arracher à ce sillon de sensations, de sentiments, d'idées, de gestes, d'attitudes, d'intonations qui formait la France.

Nul plus que moi ne comprend qu'il faut faire l'Europe et, un jour, la planète. A l'ère de la radio, de la télévision, des satellites, des fusées, on ne peut pas plus se cantonner dans un nationalisme étroit que dans notre clos aux pommiers. Mais le génie français est fait de la fusion de ses génies provinciaux. Mauriac ne se sentait jamais aussi bordelais qu'à Paris. C'est à Paris que le Nîmois Alphonse Daudet retrouva le soleil de ses provençales *Lettres de mon moulin* et Pagnol celui de sa trilogie de Marseille. De même, nous ne serons de bons Européens que si nous versons dans la cuve de fermentation de l'Europe nos sucs les plus français.

Les uns volontairement, pour te détruire, les autres par lâcheté, tous t'ont amputé de la France. Violemment, sournoisement, ou par l'arme qui se passe de tout argument : le ricanement. On a monté en toi des réflexes, associant automatiquement l'idée de la France au ridicule. Chaque fois que tu aurais quelque motif de fierté nationale, fût-ce dans une victoire sportive, et que tu t'apprêtes à t'épanouir, on ricane COCORICO ! Fine allusion au coq gaulois, présumé stupide, et à son cri de triomphe sur son fumier. Ou bien, exprès, ou par une ignorance complice, chaque fois que l'on devrait employer le mot PATRIOTISME, désignant l'amour légitime de la patrie, aussi naturel que l'amour que l'on porte à ses parents, on le remplace par sa caricature. Le PATRIOTISME étant banni du langage, tu te crois obligé d'employer le seul vocable qu'on laisse à ta disposition : CHAUVINISME. Privé de sucre, tu te rabats sur la saccharine. « En 1914, une vague de chauvinisme, submergea la France », goguenarde un speaker de télé.

Mieux que personne, Faizant a dénoncé ce scandale. Un de ses dessins, devenu classique, représente huit citoyens de huit pays. Chacun, avec son costume national, acclame son pays. Dessous, à l'encre rouge, la note politique :

Vive le Vietnam !	« Valeureux patriote ! »
Vive Cuba !	« Valeureux patriote ! »
Vive l'URSS !	« Valeureux patriote ! »
Vive la Chine !	« Valeureux patriote ! »
Vive la RDA !	« Valeureux patriote ! »
Vive la Palestine !	« Valeureux patriote ! »
Vive l'Albanie !	« Valeureux patriote ! »
Vive la France !	« Vieux con, cocardier, chauvin, xénophobe et présumé facho. »

La France est si gênante qu'on étouffe tout ce qui pourrait la rappeler. Quelques parachutistes empêchent Gainsbourg de chanter sa parodie de *La Marseillaise*. Les garçons et les filles de ton âge doivent se demander pourquoi ces « excités » se décarcassent pour un hymne archaïque, que personne ne chante plus et qui n'annonce même plus les apparitions du président de la République à la télé.

De même pour le drapeau tricolore. Quelles sont donc ces trois couleurs qui pendillent sur nos lavoirs ? Jamais plus dans nos cortèges ni sur nos immeubles privés. Même pas le 14-Juillet, fête nationale, c'est-à-dire de tous ceux qu'on appelait jadis « les Français ». Aux « années folles », ce jour-là, à Villeneuve-sur-Lot, mes parents exhumaient le drapeau de la cave, où, sagement roulé sur notre provision de bois, il attendait ce grand jour. Puis, comme la plupart des Villeneuvois, ils l'arrimaient au premier étage, à une fenêtre de la chambre, où il flottait gaiement. Maintenant, le 14 juillet, à Villeneuve comme partout, un drapeau à la mairie, un à la poste, un au lycée. Plus un seul chez les particuliers. Comme si cette fête ne les concernait pas. Pour se reposer d'un travail qui le dégoûte, ce pays déchristianisé chôme les fêtes d'une religion à laquelle il ne croit plus et celle d'une nation évanouie.

Un pays dépouillé si cruellement de sa chair et de son âme qu'on le réduit à une figure de géométrie : l'hexagone. Comment vivre et mourir pour un hexagone ? Les soldats de la Révolution et de l'Empire auraient-ils conquis l'Europe aux accents de

> « Allons enfants de l'Hexa-go-one
> Le polygone est arrivé ! »

La dessication mathématique est poussée à son comble quand, dans l'Hexagone, on supprime les noms des départements qui évoquaient des fleuves, des montagnes, des mers et qu'on les remplace par des numéros : 47 (Lot-et-Garonne), 65 (Hautes-Pyrénées)...

La plupart de ceux qu'on appelait jadis « les Français » ne demandent à notre langue que des services limités : aux heures des repas, entre autres choses, pour faire comprendre qu'on doit les servir sur la table et non sur la chaise et qu'ils voudraient un verre de vin et non une tasse de verveine. Mais les grands écrivains sont des voluptueux de la langue française. Les mots leur procurent des jouissances aussi profondes et plus durables que celles de l'amour. Ils en tirent des effets aussi variés que ceux que l'organiste tire du grand orgue du Gaumont-Palace, installé maintenant au pavillon Baltard de Nogent-sur-Marne. Au clavier de la langue française, ces maîtres sont comme le musicien de ce fabuleux instrument, disposant de trente combinaisons, de huit jeux de tuyaux à bouche, allant jusqu'à la flûte, à la voix céleste, à la viole d'amour, de six jeux de tuyaux à anche, d'accessoires, tels que xylophone, vibraphone, batterie, tambour ; de bruitages : train, avion, sirène de bateau, oiseaux, téléphone, klaxon de police ; et jusqu'au bruit de vaisselle cassée pour les scènes de ménage.

Au collège, tandis qu'en bas, sur le Lot, une drague puisait du sable sans fin, symbole de continuité, notre professeur exaltait le *Défense et Illustration de la langue française* de du Bellay (1549). Puis le *Discours sur l'universalité de la langue française* de Rivarol. En 1784, l'académie de Berlin mit au concours le sujet suivant : « Qu'est-ce qui a rendu la langue française universelle ? Pourquoi mérite-t-elle cette prérogative ? Est-il à présumer qu'elle la conserve ? » Le prix fut partagé entre le mémoire français de Rivarol et un mémoire allemand d'un professeur de philosophie à l'académie Caroline de Stuttgart, Jean-Christophe Schwab.

Selon Rivarol, voici la cause majeure de l'universalité de notre langue : « ... Le Français nomme d'abord le sujet du discours, ensuite le verbe qui est l'action, et enfin l'objet de cette action : voilà la logique naturelle à tous les hommes, voilà ce qui constitue le sens commun. Or cet ordre si favorable, si nécessaire au raisonnement, est presque toujours contraire aux sensations, qui nomment le premier l'objet qui frappe le premier... L'inversion a prévalu sur la terre, parce que l'homme est plus impérieusement gouverné par les passions que par la raison. Le

Français, par un privilège unique, est seul resté fidèle à l'ordre direct, comme s'il était tout raison... C'est de là que résulte cette admirable clarté, base éternelle de notre langue. CE QUI N'EST PAS CLAIR N'EST PAS FRANÇAIS. »

Cinq ans après, ce peuple « tout raison » se ruait dans les folies de la Révolution. Ce parangon de clarté se vautrait dans le sang. Deux siècles plus tard, imagine-t-on l'académie de Berlin-Ouest ouvrant un concours sur l' « universalité de la langue française » ? Il en proposerait un plutôt sur l'universalité de la langue anglaise. En se ravalant au rang d' « hexagonal », notre langue de princes est devenue un idiome de clochards : un sabir de poubelles où des loques de « franglais » s'accrochent à des débris de parler journalistico-radiophonico-télévisuels. Ce jargon recule partout devant l'anglo-saxon, langue des échanges. A Paris, en 1979, un dentiste français envoie sa note à un client en anglais. Au cours de congrès scientifiques, des jeunes savants français rédigent leur communication en anglais. « En les présentant en français, nous les condamnerions au silence. » Peut-être pourraient-ils faire l'effort de les rédiger dans les deux langues.

Dans *Le Figaro* (11 avril 1980), le très savant Aristide, un des plus purs défenseurs de notre langue, cite un rapport écrasant de M. Victor Sautet, à l'intention du Conseil international de la langue française : « C'est le Français qu'on assassine et l'Europe qu'on américanise. »

« Réflexion d'un homme d'affaires américain au terme de sa tournée en Europe : "Je n'admets pas que mes clients m'y parlent autrement qu'en anglais... En Belgique et en France, quelle insolence de s'adresser à moi en français !" »

« Une société américaine, en région parisienne, exige de ses cadres français qu'ils ne communiquent qu'en anglais dans les bureaux. »

« En RFA, le français est omis sur l'affiche allemande consacrée à la fusée Ariane, dont le maître d'œuvre est le CNRS, organisme français, qui, lui, rédige son affiche en anglais. »

« Aux États-Unis, les Alliances françaises, hauts lieux de diffusion de notre culture, tiennent leurs assemblées générales en anglais. »

Pourtant, si nous voulions, nous pourrions résister. Ma femme et moi visitions Madrid. Les deux seuls Français du car de tourisme. Dédaigneusement, le guide faisait ses annonces en espagnol, en anglais, en allemand. Ma femme comprenait l'espagnol, moi l'anglais. Nous avons exigé pourtant, pour nous deux, des annonces en français. Non pour notre commodité personnelle, mais pour témoigner de la présence française. Nous n'étions plus Juliette et Paul Guth qui pouvaient s'accommoder de cette situation. Nous étions la France.

L'orphelin

Jacques,

Il y a quatre ans, j'ai envoyé un paquet de lettres à mon petit neveu, Domi, qui prétendait en avoir « ras le bol ». Dans son Dijon, il s'est assagi. J'en suis fort aise. Mais, depuis 1976, le panorama ne s'est guère embelli. Nos petits pétrins individuels se perdent dans le grand pétrin général. Pourtant c'est encore aux jeunes que je m'adresse aujourd'hui, par-dessus ta tête. Aux jeunes Français. Toujours parler aux jeunes !... Et s'obstiner à vouloir rester Français. C'est un tic ? Non, une préférence d'amour et de raison.

On a comparé jadis les Français à des coqs. De Gaulle les verra en veaux. Moi en taupes. La taupe est un petit mammifère aux yeux minuscules qui n'y voit goutte. Elle vit sous terre en creusant des galeries.

Le vent souffle au matriarcat. Secouant des millénaires de « phallocratie », la femme d'Occident se « libère » ; la nana en bottes et mégot assure toutes les tâches de l'homme. Pilote d'avion, conducteur de bennes, officier de marine, sans oublier ces monstres grammaticaux : Madame *le* juge, Madame *le* Ministre. Mais la « libération » de la nana aboutit à son pire esclavage. Le salaire insuffisant du mari oblige à travailler à l'extérieur la majorité de ces esclaves involontaires. Au lieu d'une vie, la nana « libre » en mène deux : une au-dehors, dans la journée, sous la coupe d'un patron, après la galopade des métros, bus, RER. Une autre le soir, au logis, dans l'odeur du frichti.

Que deviens-tu, Jacques, dans ce tintouin ? Un paquet de chiffons, que ta mère traîne à la crèche.

« CRÈCHE : Établissement, asile destiné à recevoir dans la journée les enfants de moins de trois ans. » (Petit Robert.)

Ces trois ans précisément pendant lesquels, selon tous les médecins, pédiatres, psychiatres, la mère devrait couver son rejeton. Ces trois années clés, qui commandent l'enfance, qui commande la vie. Que l'on soit charcutier, Félix Potin, Mozart, Victor Hugo, Pasteur, tous les thèmes créateurs sont rassemblés dans les mains de l'enfant. Pendant le reste de son existence, l'homme ou la femme ne pourra que tirer des chèques sur ce carnet.

L'Église proclame parfois une ANNÉE SAINTE. La société aurait dû proclamer ainsi les trois premières années de ta vie. Pendant ces trois ANNÉES SAINTES, ta mère t'aurait baigné dans sa chaleur, comme si elle n'avait pas encore coupé le cordon ombilical. Elle t'aurait nourri de son lait. Tu aurais tété le plus succulent élixir de longue vie. Tu aurais avalé une armure contre les maladies. Tu aurais bu, à la source, le breuvage de paix. Scène millénaire à laquelle j'assistais, dans mon enfance, au jardin du Capitole, à Toulouse : des jeunes mères dégrafant leur corsage, et leur nourrisson écrasant leur nez en gougloutant contre le coussin de chair radieuse du sein.

Jacques, tu n'as pas été un « nourrisson ». Comment ta mère t'aurait-elle « nourri » en traînant de l'aube au soir son boulet de forçat ? Tu as perdu cette tendre connivence tissée entre elle et toi, cette fusion de bonheur. La société a violé le sanctuaire maternel : la mère, jadis double source de vie, donnait le jour à son enfant, puis le nourrissait, jour après jour, en se faisant nourriture. « Prenez et mangez, ceci est mon corps... Prenez et buvez, ceci est mon sang. » Six tétées par jour. Six Cènes à peindre par Léonard.

Parmi ses caresses, ta mère t'aurait transmis, à la becquée, la plus belle langue du monde. « Le latin par la joie », disait-on jadis. Le français par les baisers. Comment n'aurais-tu pas aimé, charnellement, la langue de la Mère patrie, instillée en toi délicieusement.

Notre société t'a livré à des mercenaires. Quel que soit leur dévouement, que je salue jusqu'à terre, comment les nommer autrement ? « MERCENAIRE : Qui ne travaille que pour un salaire. » « Les mères n'ont plus voulu nourrir leurs enfants, il a fallu les confier à des femmes mercenaires. » (Rousseau.) Nourriture mercenaire (lait de vache, lait en poudre).

Les enfants-squelettes du Cambodge sont des affamés physiques. Même gavé à la tétine, tu resteras, toute ta vie, un affamé psychique. De la graine de « dévoyé » : dès le berceau, on t'a arraché de la « voie ». Chiendent des révolutions.

Un muet. Tu inaugures l'ère audiovisuelle par un fiasco. AUDIO : entendre. Les ingénieurs du son ont affiné pour toi ces miracles : des micros si sensibles qu'ils entendent, comme la fée Perce-Oreille, l'herbe pousser. On tend vers toi des forêts de micros. Tu y éructes des « beuh ! meuh ! bof ! » Si on insiste, tu arraches de tes chausses « vachement, dégueulasse, marrant, des trucs, des machins »... Dans ta lippe mâchouillante, la langue frappée jadis par Corneille, Molière, La Fontaine, Voltaire, Hugo, en médailles d'or, devient un idiome glaireux. Quand, par hasard, tu es d'accord, tu n'as même pas la force de joindre les lèvres. Tu aurais l'air de sonner de la trompette si, par cet interstice, tu poussais l'*i* crissant du OUI. Tu coasses un crachat : OUAIS.

Puis tu retombes dans le silence. Au moment où l'on nous rabâche les mots « conciliation », « dialogue », où la politique contractuelle du gouvernement se fonde sur la « concertation », on te prive de l'usage de la parole. En un temps où la parole des adultes déborde de partout sur les ondes, en un déluge de salive, il t'est aussi pénible de parler que, pour un mort, d'ouvrir son tombeau. Après avoir extrait chaque syllabe de ta gorge, tu retombes dans le mutisme. Muré en toi. Privé de toute communication avec autrui. Plus malheureux que le prisonnier qui échange des messages avec ses voisins de cellule en tapant à la cloison avec sa cuillère. Privé de l'irremplaçable soupape de sûreté du vocabulaire, familière aux héros d'Homère et à ceux de Pagnol : leur fureur explosait en mots. La tienne en coups de barre de fer.

Muet, on t'a rendu sourd. Tous les médecins en témoignent. Les adultes et les pouvoirs publics haussent des épaules apitoyées devant la sonorisation délirante qui ravage les music-halls, cabarets, dancings, cinémas, restaurants, magasins... L'Occident châtré s'inflige des Hiroshima de décibels : illusion de puissance ? ou étourdissement par le plus barbare tam-tam ?

Cette inondation de bruit te submerge par le canal de ton transistor, gueulant à pleins tubes. Défoliation de ta flore intérieure, aussi terrifiante que celle des forêts du Vietnam ou de l'Afghanistan sous le napalm. Écrasement de ta musique personnelle, émanation de l'esprit et de l'âme, qui, dans le silence, t'aurait préparé à la création.

Cette guerre du bruit, dont les principales victimes sont les jeunes, a des conséquences infinies que ne soupçonnent pas les taupes adultes. Ces bombardements du vacarme ont précipité la ruine des rapports entre les sexes. La loi primordiale de l'amour est l'émerveillement. L'extase mutuelle s'épanouit dans le silence des regards, la grâce des attitudes, le déroulement romanesque des propos. Toutes ces merveilles sont écrasées par les tapis de bombes de la sono. Dans ce déchaînement d'explosions, comment se parler, se regarder, s'effleurer des yeux et des mots, comment tisser les subtiles dentelles du flirt, héritier des cours d'amour ? Qu'elle est loin l'idée de « faire la cour » ! Toutes les délicatesses de l'amour courtois et de siècles de civilisation chrétienne, réduites en cendres. Parmi ces décombres, les couples sont condamnés aux hurlements et aux mimiques des gorilles. Ou plutôt, écrasés de bruit, au mutisme des abrutis.

Dans les petits bals du samedi soir, rendez-vous d'amour jadis des jeunes dans nos banlieues et nos bourgs, le carnage auditif tourne au carnage du sang. Ivres de bruit, les danseurs se battent à coups de chaises, de bancs, de couteaux. Les municipalités doivent fermer ces abattoirs.

On ne flirte plus, on drague, on viole. En bande. Quant à l'émerveillement, les garçons le réservent souvent à d'autres garçons ou à des héroïnes : Honda, Yamaha, Kawasaki, Suzuki, les nouvelles Yseult, Juliette, Héloïse, étincelantes de chromes, déchaînant leur tonnerre, pour lesquelles ils sont prêts à arpenter la Carte du Tendre, à se ruiner, à mourir.

Ce glissement vers le néant par la vitesse et le bruit mène ces chiffes à la drogue. Ne trouvant en elles ni ressort ni raison de vivre, elles les demandent aux stupéfiants, qui les engourdissent en inhibant leurs centres nerveux. Toujours le recul devant la vie de ces morts-vivants qui ne se supportent que par le faux sommeil des narcotiques ou le bien-être menteur des euphorisants.

En 1979, selon l'Institut national de la recherche médicale, un de nos lycéens sur six, une de nos lycéennes sur dix ont déjà fumé du haschisch ou de la marijuana. Avec la complicité de certains enseignants. Le 1er novembre 1979, devant le lycée Darius-Milhaud à Villejuif (Val-de-Marne), on distribuait un tract signé des sections SGEN-CFDT (Syndicat général de l'éducation nationale), SNES (Syndicat national de l'enseignement secondaire) et SNETP-CGT (Syndicat national de l'enseignement technique et professionnel.)

Le 10 janvier 1980, à quelques kilomètres de là, à la porte du lycée Adolphe-Chérioux, à Vitry (Val-de-Marne), le même tract, signé cette fois de la section SGEN du lycée Adolphe-Chérioux, déclare : « Il faut une bonne dose de malhonnêteté pour amalgamer les effets par exemple de la marijuana et de l'héroïne... Il nous semble clair, pour conclure, que la libération des drogues douces (H, kif, marijuana), le contrôle médical et non policier... seraient les moyens actuels de faire face... au pouvoir qu'exercent les truands sur le marché de la drogue en société capitaliste... »

Ces bons apôtres s'abritent sous le couvert d' « une information réelle sur les différentes drogues et leurs dangers respectifs ». Ils condamnent le laxisme « capitaliste » qui laisse tout pouvoir aux truands sur le marché de la drogue. Mais ils s'en font les complices en se bornant à informer. « Tout comprendre, c'est tout pardonner » : un vieux sujet du bac, cher à notre société laxiste. Alors que la raison, hors de laquelle, bientôt, ce serait l'Apocalypse, devrait énoncer : « Tout comprendre, c'est distinguer ce qu'il faut permettre de ce qu'il faut condamner. »

Monstrueuse duperie de cette poignée d'enseignants pourrisseurs prétendant innocentes les « drogues douces ». Aux entretiens de Bichat 1979, les médecins participant à la table ronde sur la drogue dénoncèrent les dangers de cette feinte « douceur » :

« Le H peut causer des lésions importantes et sa fumée serait plus cancérigène que celle du tabac. Il altère l'appareil génital et les fonctions de reproduction au point d'entraîner la stérilité des deux sexes. Il augmente la probabilité de donner naissance à des enfants difformes ou de faire des fausses couches. Il provoque un vieillissement prématuré des cellules cérébrales. »

L'immonde politisation jouerait, paraît-il, dans ces tracts, œuvres de certains groupuscules. Non contents de pourrir l'esprit de nos enfants, ils empoisonnent leurs corps. Et ces empoisonneurs sont des enseignants !... Imaginons des pompiers pyromanes, des chirurgiens assassins, des pères violant leur fille, des prêtres célébrant des messes noires. L'École laxiste descend aux derniers cercles de l'Enfer.

« Porte du ciel
étoile du matin »

Jacques,

Je ne te parlerai que de l'École. Ma passion, ma rage, mon soleil. Mes litanies de la Vierge : « Miroir de justice, temple de sagesse, rose mystique, tour d'ivoire, maison dorée, arche d'alliance, porte du ciel, étoile du matin... »

« Alma mater », la mère nourricière. Ainsi appelait-on jadis l'Université, à l'instar de Virgile. « Alma Ceres », Cérès, déesse des moissons, nourrice des hommes.

Pour moi, fils de mécanicien, l'École fut tout cela : « une littérature de boursier », le critique Jean Blanzat caractérisa ainsi mon œuvre.

« Étoile du matin »... L'année du bac, à quinze ans, je me levais à trois heures, en pleine nuit. L'hiver, dans le Sud-Ouest, on ne sait pas se chauffer. Je claquais du bec dans ma chambre sous mon pardessus et sous celui de mon père. Ma lampe à pétrole filait si outrageusement que j'avais le nez noir comme un seau à charbon.

Nous aimions nos maîtres. Nos chahuts, les surnoms que nous leur donnions : fariboles !... Ils croyaient à la culture, marchepied de l'escalade sociale, astre intime qui, sous leurs tricots Rasurel, fournissait lumière et chaleur. Cette « dignité » que tous revendiquent aujourd'hui, comme les femmes libérées réclament le droit à l'orgasme, était assurée par la « culture générale ».

Plus tard nous serions agriculteurs, garagistes, menuisiers, médecins, avocats, ingénieurs, prêtres, professeurs, ministres. Après le bachot, nous nous spécialiserions. En attendant, nous travaillions simplement à devenir des hommes. Les stances du *Cid* et *L'Énéide* de Virgile aidaient-elles un garagiste à réparer un carburateur ? Elles lui assuraient une agilité d'esprit qui lui permettait de mieux déceler le défaut du carburateur. Borg, l'empereur du tennis, renvoie la balle avec sa raquette, non avec ses pieds. Il pratique pourtant une culture générale du corps, où figure la course à pied, car c'est avec tout son être qu'il vole au-devant de la balle.

« Monté à Paris » pour préparer l'École normale supérieure au lycée Louis-le-Grand, j'échouai au concours. Plus de bourse. Je devais me suffire à moi-même. Transféré à la Cité universitaire comme étudiant libre, je menai une vie de forçat. Courant le cachet des leçons particulières le jour, pour subsister, préparant mes examens et concours la nuit, j'arrachai à belles dents l'agrégation des lettres.

Pendant dix ans, j'enseignai le français, le latin, le grec, en classe de troisième aux lycées de Dijon, de Rouen et à Janson-de-Sailly à Paris. Dix ans d'extase, d'amusement fou, de passion que ma fragilité de gorge (pardon d'y revenir !) interrompit. A la jointure de l'enfance et de l'adolescence, les élèves de troisième : les derniers sursauts de grâce, les dernières étincelles du miracle, avant de s'engouffrer dans le tunnel de la puberté, dont la plupart des êtres sortent couverts des souillures de la vie, comme on sortait du

Simplon noir de fumée, au temps des locomotives à vapeur.

Plus tard, j'entrai en littérature. Je recueillis mes souvenirs de professeur dans mon roman *Le Naïf aux quarante enfants* (1955). Aujourd'hui, j'ai la joie d'entendre des pontifes de l'Université déclarer dans leurs discours : « Dans son *Naïf aux quarante enfants*, Paul Guth a été le pionnier de la plupart des réformes de l'enseignement depuis vingt ans. » Des bonnes réformes, j'espère, pas des atroces.

Une classe d'avant-guerre, mon vieux Jacques, ou même pendant la guerre et jusqu'en mai 68, cela te paraîtra aussi invraisemblable que les mœurs des diplodocus :

> « Je me consolais avec la classe. J'y aurais volontiers mangé et dormi. J'en arrivais à comprendre les Jésuites qui vivaient toute la journée avec leurs élèves...
>
> « Jamais un professeur n'expliquait à ses élèves ce que c'était que la classe... Moi je leur chanterais ces louanges... Peu à peu, dans cette ville morne, concentrant ma passion sur la classe, j'en avais fait la cellule des extases.
>
> « – La classe, leur disais-je, c'est comme un temple. (Je n'osais pas dire " comme une église ".) On aurait pu m'accuser de violer la neutralité.
>
> « On devrait se purifier avant d'entrer en classe, comme les Arabes se déchaussent et se lavent les pieds avant de pénétrer dans une mosquée. (Je leur glissais ainsi habilement un conseil d'hygiène. Et mon allusion à la mosquée ne pouvait pas me faire taxer de cléricalisme. Nous n'étions pas au Maroc.)
>
> « Les rumeurs de la vie, les scandales, les

luttes partisanes ne pénétraient pas dans la classe. Je ne disais pas “ la politique ”. En France dire qu’on ne veut pas faire de la politique c’est en faire encore. C’est même faire, dit-on, une politique “ de droite ”. Employant une expression qui les dépassait un peu, mais dont la fureur vague semblait se gonfler d’indignation, je disais : “ les luttes partisanes ”... “ Les luttes partisanes ” faisaient penser aux partisans de Catilina, dans l’Antiquité, mais surtout pas aux partis, car ILS se seraient demandé : “ De quel parti est-il, lui ? ” Et je n’aurais plus été le professeur neutre, qu’on ne peut rattacher à rien.

« Dans un temple on adore un dieu... Ah ! le dieu que nous adorons ici est bien difficile à nommer, monsieur Pirolet !... (J’appelais mes élèves “ monsieur ”, mon vieux Jacques, pour te servir.)

« A Paris, une inscription sur le Panthéon disait : “ Aux Grands Hommes la patrie reconnaissante. ” Ici, nous aurions pu graver sur nos murs : “ Aux Grands Hommes la classe reconnaissante. ” Nous étions un petit Panthéon, en plus gai. Au Panthéon, on a entassé les grands hommes, comme des planches dans une cave. Nous, c’était dans la joie que nous rendions notre culte.

« A qui ?... A Homère, Aristophane, Xénophon, Cicéron, Virgile, Tite-Live, Horace. A l’auteur de *La Chanson de Roland*, à Charles d’Orléans, Villon, La Fontaine, Corneille, Molière, La Bruyère...

« Parmi vos camarades, quand vous cherchez un ami, vous le choisissez surtout pour ses qualités : gaieté, franchise, gentillesse, intelligence.

Moi, ici, je vous fais faire la connaissance des meilleurs des amis. Et qui possède ces qualités plus que personne ?... Tout simplement les plus grands hommes de la Grèce, de Rome et de France...

« Depuis des siècles, on a élevé des statues à ces génies. On a donné leur nom à des rues, à des monuments... Si on a fait tous ces frais, vous pensez bien qu'il y avait une raison... Ce n'est pas simplement parce qu'ils étaient inscrits au programme de troisième... Eh bien, ces génies dont le portrait serait aujourd'hui en première page des journaux, que les marques de savon supplieraient de dire : Pour ma toilette, je n'emploie que le savon " Huile en fleurs "... Ces génies auxquels les rois du corned beef ou du caoutchouc seraient heureux d'être présentés. (Vous connaissez encore aujourd'hui le nom d'Homère, mais dites-moi le nom d'un milliardaire grec du temps d'Homère, monsieur Tracot !...)

« Tracot, la raie impeccable, le cheveu sec d'un ingénieur des Mines, se leva pour la forme, mais se rassit aussitôt. Il savait que je souhaitais qu'il ne connût pas le nom d'un milliardaire du temps d'Homère et que personne ne le connaissait.

« ... Ces génies, vous élèves de troisième, vous passez votre temps avec eux !... Tout à l'heure, quand vous rentrerez à la maison et que vos parents vous demanderont : " Qu'est-ce que tu as fait en classe, ce matin ? ", vous pourrez répondre : " Je me suis amusé avec Homère !... " – " Eh bien, vous en avez des relations ! Vous ne vous mouchez pas du coude !... "

Ma neutralité sans fissure je l'avais héritée de mes

maîtres. En 1927, après mon premier trimestre d'hypokhâgne [1] au lycée Louis-le-Grand, à Paris, j'allai en vacances de Noël à Villeneuve-sur-Lot.

– Avez-vous de bons professeurs à Paris ? me demandèrent de vieilles demoiselles cultivées.

– Oh ! oui, mesdemoiselles ! Surtout M. Albert Bayet.

– Ce voyou, ce révolutionnaire, ce rouge !...

– Mesdemoiselles, vous devez confondre. Ce n'est pas possible. Jamais M. Bayet...

– Lisez !

Elles me fourrèrent sous le nez des articles incendiaires que Bayet publiait tous les jours. Or, en classe, il ne nous soufflait jamais mot de politique. Si des malicieux, au fait de l'actualité, tentaient de l'entraîner sur ce terrain, il détournait la conversation. Il ne se souciait que de nous faire adorer Molière, Racine. *L'École des femmes, Bérénice*... C'était ce que l'on appelait la laïcité.

Aujourd'hui la politique a tout saccagé. Ou plutôt... Le mot POLITIQUE naît en 1265 et s'emploie surtout à partir du XVIIe siècle.

Pour un citoyen, c'est une obligation absolue de faire de la politique, de s'intéresser aux affaires de l'État. Dans une libre démocratie, voter est un devoir sacré. L'abstentionniste est un traître. Il abandonne son poste au combat. Il livre son pays à l'ennemi.

Je suis allé voter avec quarante de fièvre. La plus belle mort : rendre le dernier soupir en glissant son bulletin dans l'urne.

1. Hypokhâgne : première classe de préparation au concours de l'École normale supérieure. Les candidats affrontent les épreuves l'année suivante, en khâgne.

Mais, en 1949, apparut un mot nouveau : POLITISATION. La bombe atomique des consciences, la maladie contagieuse n° 1, relayant les vieux fléaux guéris par la médecine. L'homme, cet éternel enfant, tiraille en vain sa couverture trop courte qui ne peut à la fois couvrir ses pieds et son menton. Sa conscience s'enorgueillit d'exterminer les pestes du corps. Et elle laisse proliférer celles de l'esprit. Sa miraculeuse médecine enraye la mortalité infantile. Sans contrôle des naissances, elle accroît ainsi démentiellement la population du globe, condamné à la famine, à la révolution, à la guerre.

Les ennemis de la liberté que le Moyen Age aurait dénoncés comme les suppôts du diable, ont procédé, à sa façon, par la caricature. Ils ont fourbi leur arme suprême de dérision : la POLITISATION. « Vous voulez faire de la politique ? ont-ils dit aux démocraties libérales. On va vous en fourrer partout. »

Jusque dans les moindres rainures et interstices de l'individu et de la société. Et non point de la bonne vieille politique à la papa du café du Commerce, héritière des bavardages cordiaux de l'agora et du forum, clins d'yeux, connivences sous le manteau, fausses colères avec toujours quelqu'un pour vous retenir, mais de la POLITISATION féroce. La population alignée au garde-à-vous, comme dans les camps de concentration. Les bons – les méchants. GAUCHE-DROITE... GAUCHE-DROITE... Obligation de se ranger dans ces catégories avec tout son fourniment. Interdiction d'en sortir. Toute la vie bloquée. Tous les trésors de fraîcheur et de charme souillés. Tous les élans de création et d'amour, pourris. Le rire et le sourire, éteints. La joie d'exister, de respirer, de voir, d'écouter, d'aller et venir : MORTE. La richesse infinie des nuances, des sensations, des idées, la volupté des échanges, des rapports loyaux, la recherche de la justice et de la vérité : ÉTOUFFÉS, ÉTRANGLÉS.

DROITE-GAUCHE... DROITE-GAUCHE. La haine, la menace, la mort.

Un Swift peindrait cet enfer. Des juges de droite, n'utilisant que le plateau de droite de la balance de la Justice, et des juges de gauche n'utilisant que le gauche. Des prêtres de droite adorant un Dieu de droite, qui n'a créé que la partie droite de l'univers et des prêtres de gauche un Dieu de gauche. Des médecins de droite ne soignant que la partie droite du corps et des médecins de gauche ne soignant que la gauche. Des policiers de droite, ne réglant la circulation qu'à droite, et des policiers de gauche qu'à gauche. Des gens de droite, ne se mouchant que la narine droite et des gens de gauche que la gauche.

Jusqu'à l'heure où il n'y aura plus ni DROITE ni GAUCHE, mais seulement un côté. Refermé pour toujours, le clapet n'aura plus rien à trier.

* * *

L'école est le terrain de choix de la POLITISATION. Avec cette différence, oubliée par les taupes adultes, qu'elle est le royaume des enfants, en qui tout se grave.

Le mal que l'on fait à un adulte n'a que des conséquences immédiates. Il peut parer le coup, le rendre, l'oublier. Le mal qu'on t'a fait, Jacques, blesse en toi l'enfant que tu étais, l'homme que tu seras.

Le séisme de mai 68 ne sembla guère ébranler la société adulte. Il secoua l'École jusqu'en ses fondations. Une révolution d'escholiers, comme sous Blanche de Castille. Un soulèvement de la montagne Sainte-Geneviève ; les projectiles : des livres ; les remparts : des in-folio.

Les adultes profitèrent de cette fête des fous pour étendre à l'École une de leurs grandes idées : désacraliser, démythifier, qu'ils écrivent parfois, pour faire les malins : *démystifier*. Comme si un mythe était toujours une mystification.

Désacraliser l'Église, en réduisant le prêtre à l'état laïc, en supprimant son costume distinctif, en le mariant, en ravalant le saint sacrifice de la messe au niveau d'un breakfast de snack-bar.

Désacraliser l'armée en la coupant de ses racines populaires. Mettre le militaire en civil pour le préserver des loubards. Faire de l'uniforme un déguisement de deux heures de rétrospective pour la revue du 14-Juillet. Comme pour un défilé des petites femmes des Folies-Bergère : l'uniforme à travers les âges, de Vercingétorix à la Berezina.

Désacraliser la Justice : une Justice de classe contre une autre Justice de classe.

Désacraliser l'amour par l'éducation sexuelle : pistons et clapets. Par les films porno, contaminant le cinéma : « La mauvaise monnaie chasse la bonne ». Du même coup, stériliser l'art et la littérature de l'Occident fondés sur l'amour, avec toutes nos sources de création, tous nos trésors de songes, tous nos stimulants d'action, toutes nos plus radieuses raisons de vivre.

Désacraliser l'École. Sous le prétexte hypocrite de « l'ouvrir au monde ». Comment les taupes adultes auraient-elles épargné ce sanctuaire de l'homme futur, après avoir détruit celui de Dieu ?

Voici comment raisonnent les taupes aveugles :

> « L'École-temple, sanctuaire du recueillement, fermé aux rumeurs du monde, convenait à une époque lointaine, proche de la Gaule rurale :

cheval et lampe à pétrole. L'École bourgeoise formait des élites par la sélection, qui perpétuait son règne. Aujourd'hui, nous sommes au temps des masses, c'est-à-dire de la démocratie. Tous les enfants de toutes les classes sociales vont à l'école jusqu'à seize ans. Égalité des chances. Plus de sélection. Cet afflux prodigieux de population scolaire exige de nouvelles méthodes. La chute des tabous, la libération de la femme, l'affaiblissement de la phallocratique royauté du père, la majorité à dix-huit ans ont mûri prématurément les jeunes. On doit leur accorder des libertés impensables jadis.

« Nous sommes à l'ère des media. L'École ne peut pas rester un îlot fermé. Elle est submergée par la marée des informations : presse, radio, télévision. On n'appelle plus le pédagogue " le maître ", mais " l'enseignant ".

« " Je suis maître de moi comme de l'univers ", disait Auguste dans la tragédie de Corneille. Ton enseignant, Jacques, n'est plus maître de toi, ni de lui, ni de l'Univers. Tout conteste sa maîtrise. Ton indiscipline, l'absence de toute contrainte. Il chemine à dos d'âne, dépassé par des fusées. Inadaptation de son savoir au monde moderne : enfoncer un clou rond dans un trou carré.

« Jadis on reconnaissait le savoir du maître. Son prestige, son autorité, sa certitude le garantissaient. Aujourd'hui, on lui tape sur l'épaule à tout moment : " Au nom de qui parlez-vous ?... Vous êtes bien sûr de ce que vous avancez ?... A quoi ça sert ? "...

« Les vrais " maîtres " sont des " mecs marrants " qui font des " shows " ou des émissions de jeux à la télé, des " mecs vachement gonflés ",

> qui participent aux débats des " Dossiers de l'écran " ; les voyageurs montrant les images de leurs explorations dans les glaces du pôle ou dans les forêts de l'Amazone ; le commandant Cousteau, l'Ulysse de l'odyssée sous-marine parmi les poissons ; les reporters qui se faufilent entre les balles pour filmer les coups d'État. La déclaration de Phèdre à Hippolyte paraît fade à côté de Thierry Le Luron. Ouvrons l'École au monde, pour en faire le carrefour de tous les courants, la caisse de résonance de tous les bruits, le tremplin de tous les élans de créativité ! »

Voilà à peu près le langage des taupes. Orchestré par un tel tam-tam que nous devons reprendre notre sang-froid pour leur répondre. Les charlatans d'autrefois déchaînaient les trompettes pour couvrir les cris des patients, quand ils arrachaient des dents saines comme l'œil.

Ouvrir l'École au monde... S'il y avait un vacarme affreux dans votre rue, en profiteriez-vous pour ouvrir vos fenêtres ? Le monde est dans une de ses plus effroyables cacophonies. Et c'est le moment que vous choisissez pour ouvrir l'École à ce charivari !... Vous prétendez que le moindre effleurement du doigt sur la joue de votre enfant, la moindre ombre de reproche risquent de le « traumatiser ». Et vous lui balancez des bombes atomiques dans les oreilles sans crainte de « traumatisme ».

Vous parlez de pression irrésistible du monde moderne. Mais précisément la meilleure façon de résister à un incendie, c'est de garder la porte fermée. Si vous l'ouvrez, vous créez un appel d'air qui attire les flammes. Ainsi font les enseignants dévoyés qui prônent les drogues « douces » sous couleur d'information.

Vous avez fait du sport une de nos idoles. Sans vous inspirer de sa morale de l'effort, de sa chevalerie de la loyauté. Dans vos mains, le sport est devenu une nouvelle école de violence, de fanatisme, d'esprit de lucre. Un autre prétexte pour jeter son argent sur le tapis vert des stades, comme dans le tiercé, sur celui des hippodromes. Ces tapis verts du peuple, correspondant à ceux des casinos pour les flambeurs à cigares.

Pourtant, dans la technique du sport, vous admettez que l'athlète se concentre avant l'effort. Se rassemble, se retrouve, fasse en lui le silence, avant de déclencher tous ses pouvoirs. Ainsi procèdent les coureurs, les sauteurs, les nageurs, les boxeurs. Et les comédiens. Ils n'entrent pas en scène comme on va au petit coin. Certains se recueillent pendant des heures dans leur loge avant de se glisser dans la peau de leur personnage.

Et les seuls auxquels vous refuseriez ce droit au recueillement seraient ceux qui préparent pourtant un autre combat que celui qui consiste à taper dans une poche de cuir gonflée de vent ? Le combat de la vie, alors que se referme sur le monde le couvercle de l'esclavage.

Un bombardement de haine, de fanatisme, de lâcheté crève le vieil abcès qui nous tient lieu de planète. Et les seuls que vous plongeriez tout crus dans cette cuve d'infernale chienlit seraient les jeunes dont votre laxisme a fait des amibes ?

Sous le président Fallières, dont les pantalons se tirebouchonnaient d'aise sur les balcons fleuris de la Belle Époque, l'École accordait à nos enfants le recueillement d'une veillée d'armes. Elle les adoubait chevaliers parmi les caleçons. Et aujourd'hui, parmi nos forêts de chars d'assaut et d'ogives nucléaires, elle enveloppe les nôtres dans du coton et lance ces gélatines sous une grêle de feu !...

Construite sur le modèle de votre École, quelle machine marcherait ? Imaginez votre voiture avec deux roues ovales devant, deux triangulaires derrière, le volant au ras du plancher, sans action sur la direction, le pot d'échappement sur le tableau de bord, vous crachant ses gaz au nez !...

Telles sont vos deux mesures contradictoires, d'une démagogie délirante : la scolarité jusqu'à seize ans ; la majorité à dix-huit.

Jacques, si l'on te maintient en classe jusqu'à seize ans, on prolonge ton état de sujétion. On devait donc éloigner l'âge de ta majorité. En deux ans, tu n'as pas le temps de mûrir. Faux mûrissement d'ailleurs que celui que te prêtent les adultes. Par les spectacles, la pub, les media, ils ont tropicalisé la société : serre sexuelle qui hâte la maturation de ces fruits que garçons et filles portent entre les jambes. « Ils peuvent procréer, glapissent les taupes adultes, donc ils sont dignes de la majorité ! » Erreur monumentale. Le cerveau n'a pas suivi le mouvement. C'est un muscle, comme le biceps. L'École le maintient dans la mollesse. Comment serait-il capable d'effort ? Corps de géants, cerveaux d'enfants.

Une foule de tes semblables ahane à l'école jusqu'à seize ans comme sur les bancs des galères. Ils sabotent la classe, obligée de traîner ces boulets. Ils épuisent les enseignants. Ils écœurent les meilleurs élèves, condamnés à ramper, alors qu'ils pourraient voler. Dans la nausée de l'à-quoi-bon, ils frappent le corps scolaire de dégoût.

Pour tuer le temps, beaucoup de ces irrécupérables se tuent avec lui. « Ils se défoncent au cannabis » et répandent la contagion parmi les élèves sains.

D'ailleurs, pourquoi permettre aux élèves de fumer à l'intérieur et aux abords des établissements scolaires ? Mme Simone Veil, ministre de la Santé, a interdit de fumer dans les lieux publics. Un établissement scolaire n'est-il pas le plus public des lieux : celui qui prépare le public de demain pour tous les lieux ?

Les ennemis de notre laxisme en pâté de foie parlent, à tout bout de champ, de « répression ». Pour une fois, ils auraient raison à propos de ces élèves forcés, rivés à leur banc jusqu'à seize ans. Pendant ce temps, l'artisanat manque de bras. Jusqu'à seize ans, ces révoltés prennent en classe un pli de hargne et de grogne. Déplorables recrues dont aucun patron ne voudrait en apprentissage ! Mixtures de néant et de morgue, dégoûtées de tout effort.

« Pas de sélection ! » dites-vous. En criant au sacrilège contre la démocratie. A l'attentat contre l'égalité des chances. Comme si la sélection créait des castes de privilégiés. Monstrueux mensonge !

La vérité c'est que vous préparez notre esclavage. Toute tête qui dépasse offusque l'alignement.

Volontairement, vous confondez la ligne de départ et la ligne d'arrivée. Imposez à dix coureurs le même entraînement, la même nourriture. Disposez-les le long de la même ligne. Donnez le même signal de départ à tous en même temps. Ils ne parviendront pas ensemble à l'arrivée. Il y aura un premier, un second, un troisième... Des traînards... Des ex-aequo, à départager par la photographie...

Dans la même famille, des enfants sont soumis au même traitement. Les uns font de brillantes études, les autres végètent.

La seule garantie de la vraie démocratie, c'est la sélection. Dégager de la masse une élite, ce levain sans lequel la pâte retombe comme un plomb. Presque toujours, cette élite émerge du peuple. Les traditions de culture dans une famille peuvent encourager les descendants à imiter leurs ancêtres ou, au contraire, les écraser. Les fils des grands hommes sont souvent médiocres. Accablés au berceau par la gloire paternelle, ils se recouchent et dorment.

Vous dites pis que pendre des examens et des concours. Organisés loyalement, ils sont la plus sûre garantie de la justice. L'effort auquel ils obligent, le trac, l'incertitude : symboles de la vie, de son pathétique, de ses émotions, de ses joies. Images de luttes, de victoires, faites pour la frénésie de la jeunesse. Pourquoi les applaudir au stade et les interdire à l'École ? Pour savoir si deux chevaux seront quatrième ou cinquième, vous scrutez des photographies à la loupe. Et, en classe, indifférents aux rangs respectifs d'un futur Mozart ou d'un futur Pasteur, vous supprimez le classement par chiffres ! En pleine époque scientifique, dont les chiffres ont permis l'apogée, vous flottez dans la nébuleuse des lettres : A, B, C, D. Supprimez donc aussi les chiffres sur les thermomètres médicaux !

– Hier vous aviez 39°, 9. Combien aujourd'hui ? A ?... B ?... C ?... D ?...

« Que diantre faites-vous
de ce bras-là ?... »

Jacques,

Tu n'as pas très bonne opinion des adultes. Tu ne les admireras pas plus quand tu sauras qu'en cent ans, des débuts de la Troisième République à notre Cinquième laxiste, de 1871 à 1974, ton ministère a changé trente-deux fois de nom.

Jusqu'en 1932, autour du « ministère de l'Instruction publique », un ballet des « Cultes » et des « Beaux-Arts », qui tantôt s'ajoutaient à l' « Instruction publique », tantôt disparaissaient dans les coulisses. Puis seuls reparaissaient les « Beaux-Arts », ou les « Cultes », ou les deux à la fois, mais dans un ordre différent : « Cultes et Beaux-Arts », ou « Beaux-Arts et Cultes ». Prêtres et danseuses, chasubles et tutus, voltigeaient autour des jeunes têtes studieuses.

En 1905, les « Cultes » tombèrent pour toujours dans la trappe. En 1924, apparut un nouveau venu : l' « Enseignement technique »... « Ministère de l'Instruction publique, des Beaux-Arts et de l'Enseignement technique ».

Puis, on s'avisa que l' « Instruction », fût-elle publique, n'était qu'un chapitre de l' « Éducation ».

Pour culminer, on inaugura le titre « ministère de l'Éducation nationale » (3 juin 1932). Il sembla donner toute satisfaction à ceux que l'on appelait encore « les Français ». L'épithète « nationale » ajoutait même une couleur patriotique qui ne se trouvait pas dans l' « Instruction publique ».

Le 22 juillet 1940, la guerre nous ramena l' « Instruction publique » dans ses fourgons, à laquelle, deux mois plus tard, se greffa la « Jeunesse ». Le 23 février 1941, résurrection de l' « Éducation nationale ». Nous espérions la garder toujours. Bien que l'on n'éduquât guère, à l'école et à la maison, le mot ÉDUCATION nous flattait. Alors que l'idée de nation se dissolvait, il nous était doux de la voir s'attarder sur du papier à en-tête.

Le 27 juin 1974, la guillotine, que l'on laissait rouiller pour les assassins, fonctionna pour l' « Éducation ». Le couperet envoya dans le panier de son l'épithète *nationale*. Ton ministère cul-de-jatte ne s'appelle plus que *ministère de l'Éducation,* comme si on avait honte de la dire *nationale*.

Que restait-il donc à charcuter de la France ? Ses assassins ne la croyaient pas tout à fait morte ?

Le lendemain de l'exécution, un poste périphérique de radio interviewa le ministre, M. René Haby : « Vous êtes ministre de l'Éducation... Au lendemain de votre arrivée rue de Grenelle, vous n'avez pas pu expliquer exactement aux journalistes pourquoi " Éducation tout court ". Or, depuis quelques semaines, un certain nombre de syndicats de l'Éducation nationale se sont inquiétés de cette appellation " Éducation " tout court... »

Ah ! les braves gens ! me suis-je écrié en lisant ce document. Ils se sont « inquiétés » ! Dans le tréfonds de ces châtrés qu'on appelait jadis « les Français » vibrait encore une ombre de réaction nationale. J'en aurais pleuré de joie.

Hélas ! pauvre naïf !... Lisez la suite :

« ... Ces syndicats se sont demandé... si ça ne voulait pas dire que l'aide à l'éducation privée allait être accentuée. C'est... une inquiétude qui a été ressentie au cours du dernier congrès de la Fédération Cornec. »

Voilà donc pourquoi « s'inquiétaient » ces parents d'élèves orientés : ils craignaient de voir des sous filer vers l'école privée, qu'ils haïssent, et vers de pieuses poches.

Dans cette interview, M. René Haby laissait échapper innocemment qu'on avait procédé à cette exécution sans penser à mal. « Simplement dans un sens de simplification », comme pour le ministère de la Défense.

La Défense serait-elle plus efficace en n'étant plus *nationale* ? Où nos défenseurs puiseraient-ils l'ardeur à verser leur sang pour nous, hors de l'amour de la nation ? A moins qu'ils ne s'allègent de l'épithète *nationale* pour courir plus vite loin de l'ennemi.

« Que diantre faites-vous de ce bras-là ? » demande au Malade imaginaire sa servante Toinette, déguisée en médecin. « Voilà un bras que je me ferais couper tout à l'heure, si j'étais que de vous... Ne croyez-vous pas qu'il tire à soi toute la nourriture, et qu'il empêche ce côté-là de profiter ?... Vous avez là aussi un œil droit que je ferais crever, si j'étais à votre place... Ne voyez-vous pas qu'il incommode l'autre, et lui dérobe sa nourriture ? Croyez-moi, faites-vous-le crever au plus tôt : vous en verrez plus clair de l'œil gauche. »

De « simplification » en « simplification », la France se réduit à un bras gauche, une jambe gauche, un œil gauche et à la moitié gauche du cerveau, pour travailler, marcher, entendre, voir et penser « plus clair ». C'est ce que suggérait M. René Haby en ajoutant : « Si je voulais cultiver le paradoxe, je vous dirais que, en étant ministre de l'Éducation, le concept de l'éducation est finalement plus large que celui de l'Éducation nationale. »

Aujourd'hui l'état de la planète est si affreux qu'en France on ne se sent plus très au chaud dans ces concepts « plus larges ». Nous flottons si piteusement dans ces immensités que nous éprouvons le besoin de resserrer les mailles de notre cotte. C'est à cette opération que s'emploie un de nos ministres les plus subtils, M. Christian Beullac. A Pénélope, il emprunte l'art de la tapisserie. A Ulysse, celui de la navigation.

Dès son arrivée au ministère de l'Éducation, M. Christian Beullac vit se dresser devant lui un mur. La France fut jadis le paradis des architectes. Ils construisaient des palais, des cathédrales. Aujourd'hui, devant tout imprudent qui manifeste une velléité de faire quelque chose, les Français élèvent un mur. Générosité, folie, chimère dans les mots. Dans les faits, conservatisme, immobilisme, stagnation. Après avoir, à pleins poumons, soufflé le vent de leurs proclamations téléguidées, concernant toujours autrui, les Français s'assoient, le dos au mur. Sur la ligne Maginot, c'est ainsi, à la dernière guerre, qu'ils attendaient l'ennemi.

Dès le 5 avril 1978, M. Christian Beullac mesura du regard le mur qui le cernait. Élevé par les 850 000 fonctionnaires de son ministère, par les 12 millions d'enfants scolarisés, par les 20 millions de parents jouant de la truelle. Le plus sûr moyen de s'y fracasser c'était de prononcer le mot *réforme*. Les Français réclament à tue-tête le *changement*, en souhaitant *in petto* qu'il n'ait jamais lieu. Ils en chargent, dans leurs rêves, ceux qui ne peuvent pas l'exécuter, et qui n'en ont pas la moindre envie. En revanche, les mêmes Français voient rouge quand le gouvernement envisage lui aussi le *changement*, sous l'aspect de *réformes*. Ils veulent bien être foulés, pillés, grugés, saignés, bernés, cocufiés, mais pas *réformés*.

« Il n'y aura pas de réforme Beullac, déclara donc le ministre en s'asseyant dans son fauteuil. La réforme, c'est la loi du 11 juillet 1975, qui exprime la volonté de la nation en matière de rénovation du système éducatif... »

– Qu'est-ce qu'il y aura donc? Rien?... – Si, " une action Beullac " ». L' « action Beullac » aurait pu s'inspirer de la méthode Josué. Faire sept fois avec son armée le tour des murs de Jéricho en sonnant de la trompette. « A la septième fois, les murailles tombèrent. » M. Christian Beullac trouva cette méthode un peu bruyante, dans un pays où l'on n'utilise les trompettes que pour le jazz. Pour ne pas quitter la Grèce, il préféra s'adresser à un fils de sage-femme. En souvenir de sa mère, Socrate inventa la philosophie de la maïeutique : l'accouchement. Accoucher les esprits des pensées qu'ils contenaient sans le savoir.

Lc ministrc-sagc-fcmmc s'cfforça dc modificr lcs mentalités plus que les structures. Les Français sont devenus des sensitives en folie. Dès qu'on les effleure de l'éventail d'une autorité, qui pourtant émane d'eux, ils se convulsent et crient à « la répression ». En vomissant la pire injure : « musclée ». Seuls leurs ennemis ont droit aux muscles : nuées d'avions, de canons, de bombes, de blindés. La France n'a droit qu'à la gélatine.

M. Christian Beullac se lança donc dans la maïeutique de groupe. La montagne de la fable accouchait d'une souris. Plus ambitieux, M. Christian Beullac s'efforce d'accoucher cinquante millions de Français de nouveaux comportements scolaires. Chaque fois que, dans ses profondeurs, la France sentira bouger un besoin de changement universitaire, elle appellera son accoucheur : « Docteur Beullac, je crois que c'est le moment... Venez !... »

D'une caresse de ses doigts fuselés, le 14 décembre 1979, le docteur Beullac a changé les inspecteurs généraux de l'Éducation en « inspecteurs généraux de l'Éducation nationale ». En attendant le jour où les Français, du fond de leur bourbier, se rappelleront que Descartes est né tout de même chez eux. On ne peut pas cracher à jet continu sur sa logique. La bouffonnerie a des bornes : « MM. les inspecteurs généraux de l'Éducation nationale » ne peuvent pas émarger éternellement à un ministère « de l'Éducation ».

Le Laxi

Jacques,

« Génocide » : destruction méthodique d'un groupe ethnique.

Depuis les horreurs du Cambodge, la Télévision a fait du « génocide » ton pain quotidien. Mais on ne dénonce que le « génocide » physique qui entraîne la mort du corps. Tortures, coups de pioche sur la tête, balle dans la nuque, massacres à la mitraillette au bord de la fosse creusée par les victimes. Cinquante millions de Français gavés, selon la Pub de Dame Télé, de crème fraîche et de chocolat à la noisette, tomberaient des nues si on leur révélait : depuis des années, sous vos yeux, avec la complicité de votre aveuglement et de votre inertie, la France est la victime d'un génocide, aussi atroce que l'autre, aussi inéluctable, mais infiniment plus sournois : un génocide intellectuel et moral.

Méthodiquement, Jacques, les ennemis de la liberté procèdent sur toi et tes camarades, depuis des années, à un immense lavage de cerveau. Faire de vous des amnésiques, gommer la mémoire collective qui vous rattachait au passé de votre pays, et qui préparait votre avenir. Arracher de votre esprit et de vos entrailles le sens de votre identité, qui vous rendait pareils aux pigeons voyageurs, regagnant infailliblement leur colombier.

Sur ma carte d'identité la mention NATIONALITÉ FRANÇAISE a encore un sens pour moi, né avant la grande lessive. Elle n'en a aucun sur la tienne. En temps de guerre, un bombardement violent peut rendre amnésique. Toi et tes pareils êtes des amnésiques de la guerre idéologique. On nous avait seriné que nous étions tous différents. Chacun de nous avait des empreintes digitales bien à lui. Sur ta carte d'identité nouveau modèle, vérifie ! Plus d'empreintes digitales ! Tu ne t'appartiens plus. On peut te confondre avec n'importe qui, te remplacer par n'importe qui. Bétail interchangeable. Autrefois le crime de substitution d'enfants frappait surtout des enfants royaux. Dans notre démocratie laxiste le peuple-roi abandonne ses enfants aux pires substitutions.

Le lavage de cerveau commence à l'aube : dès les petites classes, lessivage de la langue française. Jadis les analphabètes étaient ceux qui n'allaient pas à l'école ; aujourd'hui ce sont ceux qui y vont. J'emprunte les détails horrifiques suivants à la remarquable enquête de Patrice de Plunkett (*Le Figaro-Magazine* du 9 février 1980) : « Les " classiques " jetés aux chiens. »

> « Anna Z... (professeur de sixième – banlieue nord de Paris) : Nous sommes obligés de consacrer tout le premier trimestre à l'apprentissage du verbe " être " et du verbe " avoir ", tant il y a d'élèves qui ne font pas la différence. Tout est à refaire. Tout le travail de huitième et de septième.

« Antoinette M... (Val-d'Oise) : En sixième, ils ne savent pas distinguer un nom d'un adjectif, beaucoup ignorent l'alphabet, mélangent les consonnes et les voyelles, suppriment les négations, boycottent la ponctuation, n'ont jamais entendu parler de grammaire. Cinq sur vingt ne connaissent même pas les saisons ni leur ordre. Nous perdons notre temps à des acquisitions qui devraient être faites depuis plusieurs années. A préciser à nos élèves que G + A = GA...

« Sur vingt-cinq élèves d'une classe de sixième des Yvelines, six lisent en comprenant, huit en trébuchant, neuf en changeant des mots ou en sautant inconsciemment des lignes ; deux ont des problèmes de graphie frisant la carence. Vocabulaire : guère plus de deux cents mots, dominés par le langage de la technique et de la zoologie (sur les bêtes, incollables !).

« Quand j'ai pris la première classe en 1974, déclare leur professeur, 80 % comprenaient une explication. Aujourd'hui c'est 20 %. Ils apprennent trois fois moins vite que leurs aînés. Leur mémoire flanche. On a l'impression qu'ils ont des choses à dire, mais qu'ils n'arrivent pas à être intelligibles...

« François K... (Val-de-Marne) : Leurs copies, il faut que je me les lise à haute voix, sinon je ne comprends pas ce qu'ils veulent dire.

« Résultat, conclut Jean Demoule, en quatrième, j'enseigne en orthographe ce qu'il y a dix ans j'enseignais en sixième.

« La principale responsable : la méthode " semi-globale ". On n'apprend plus aux enfants à déchiffrer les mots syllabe par syllabe, mais à photographier (mémoire visuelle) le mot tout entier... »

En déchiffrant le mot syllabe par syllabe, l'esprit et le corps multipliaient par le nombre de syllabes les raisons de le retenir. En photographiant le mot tout entier, on n'engage que l'œil. Pas le cerveau qui, dans l'ancienne méthode, devait faire l'effort de reconstituer dans son ensemble le mot que, syllabe par syllabe, l'œil avait découvert.

Conséquences ? Bonnes pour ceux qui auraient réussi par n'importe quelle méthode. Tragiques pour les moins doués, que tous les mots non « appris » vont prendre au dépourvu et qui croiront reconnaître « également » quand on leur montrera « élégamment ».

Haro sur la dictée qui, jadis, musclait l'esprit ! Cette pelée, cette galeuse, bête noire de certains inspecteurs primaires, est remplacée par l' « autodictée »... Instituteur et élèves commencent par étudier « ensemble les difficultés du texte, qui est ensuite dicté ».

L'autodictée, c'est la dictée avec des béquilles. Plus d'effort. Encore et toujours la paresseuse « mémoire visuelle ». Les jeunes photographes de mots récoltent des notes mirifiques : des escroqueries. Quand ils arriveront en sixième, sans béquilles, incapables de lire, ils s'écrouleront.

* * *

Tâchons d'être équitables ! Tout n'est peut-être pas bon à jeter aux chiens dans les nouveaux programmes. Parmi ceux qui les ont rédigés, certains peut-être ne voulaient pas te nuire. Je consulte les Instructions officielles et le *BO* n° spécial 1 (14 décembre 1978). En dégraissant ce jargon pédago, j'en retiens que les élèves doivent analyser les émissions de radio et de télévision. Excellente occasion d'affûter leur esprit critique. A condition que ces émissions ne soient pas choisies de façon tendancieuse. De même pour l'étude de la presse en classe. Les élèves confrontent les journaux d'un même jour. Ils remarquent ce que devient la même nouvelle : reléguée dans un journal en quelques lignes, dans un coin obscur d'une page intérieure, claironnée chez d'autres à la une, avec un titre en caractères d'affiche et des photos. Ils peuvent en déduire des réflexions sur la pluralité des opinions dont Montaigne aurait fait ses choux gras.

A condition, Jacques, que des fanatiques n'interdisent pas l'accès en classe d'une certaine presse, en faveur d'une autre. Ce qui fausserait le jeu.

Et on l'a faussé effroyablement. *Le Courrier de l'Éducation*, bulletin officiel du ministère, publie les premiers résultats d'une enquête sur les abonnements aux journaux conclus par les établissements scolaires. Le total des titres choisis, prétend l'article, reflète « un réel pluralisme ». Pure guignolade, puisque les journaux de gauche représentent douze fois plus que les journaux modérés : 70 à 75 % des abonnements contre 6 à 7 %. Abonnements payés de vos sous, contribuables cocus.

Le Monde	65,4	*Le Figaro*	3,5
L'Humanité	3,9	*L'Aurore*	0,9
Le Matin	2,4	*Le Parisien*	
Libération	1,1	*libéré*	0,3
Rouge	0,14	*France-Soir*	0,15

Le « réel pluralisme » des noces de l'éléphant et de la puce !

* * *

Excellent de te faire scruter la pub par affiches, placards dans les journaux, annonces à la radio, à la télé ! Tu pourras ainsi t'armer contre le matraquage des slogans. Ou savourer le merveilleux de notre temps. Si j'étais encore professeur, je te chanterais la poésie, la malice, l'alacrité de certains sketches publicitaires de la télé : le garçon de café qui se fait secouer avec son « Orangina », la charmante acrobate qui, en passant d'un trapèze à l'autre, au ciel du cirque, recommande à son partenaire avec l'accent du Midi, une machine à laver : « une Brandt ».

Le danger c'est de toujours mettre la charrue devant les bœufs. Il fallait d'abord t'enraciner sur un noyau solide de ta langue natale. En t'enseignant la langue écrite et en te lestant de latin, pour te maintenir sur ton centre de gravité. Ensuite on aurait pu te déverser dans le crâne, à pleins entonnoirs, tout le vocabulaire des journaux, de la rue, du trottoir, des Dames Radio et Télé. Vigoureusement arrimé sur tes bases, tu aurais pu exécuter tous les sauts périlleux et t'expédier dans les étoiles. En cas de danger, un fil de nylon invisible t'aurait ramené à la terre.

Ainsi procède-t-on pour le corps, plus sage que l'esprit, et dont on devrait écouter les leçons. Surtout en un temps où, dit-on, le sport est roi. Erreur : ce n'est pas le sport qui règne, avec ses enseignements d'effort et de noblesse, mais le spectacle tarifié du sport. Pactole des malins, école de fanatisme et de violence des vautrés. Héritier des jeux du cirque de Rome, où des gladiateurs s'égorgeaient devant la plèbe.

Athlètes et danseurs se préparent d'abord longuement par des exercices de rigueur, sans rapport direct, semble-t-il, avec le numéro à exécuter. La danseuse se ploie dans d'interminables exercices à la barre avant de se changer en oiseau. Chaque jour, le pianiste et le violoniste les plus glorieux s'imposent des exercices infinis avant de se lancer dans Mozart ou Chopin.

Pour toi, Jacques, on fait l'inverse. Toi le descendant de cette race de moustiques des Gaulois, on t'arrache à ton centre de gravité primordial, dont tu avais besoin plus qu'un autre : le latin (nous en parlerons tout à l'heure). Je me rappelle l'angoisse que me causaient, dans *Le Figaro*, les chroniques d'un de mes anciens professeurs du stage d'agrégation : le fils d'un cordonnier breton. Théoricien de gauche, il se croyait obligé de cribler de sarcasmes le latin, « trésor des mandarins ». A la forge de mon père, le mécanicien gascon, suant sous son bleu de travail, où était le mandarin ? Ce professeur devenu écrivain prétendait que le latin était un lierre qui étouffait l'arbre de l'enseignement du français. Si on arrachait ce lierre, le chêne du français prospérerait pour les enfants du peuple « au grand soleil de Messidor ».

Aujourd'hui, on a arraché le latin. Au lieu de prospérer, l'arbre du français s'étiole. Et les enfants du peuple ne savent plus parler français.

On ne tyrannise pas un arbrisseau en le renforçant d'un tuteur. Pour avoir négligé cette règle, dans mon jardin villeneuvois du chemin de Papou, j'ai perdu un prunier enfant, mort bossu, qui me reprochait ma faiblesse.

Dans ton crâne matraqué, on a tout mélangé : langue écrite et langue parlée. Avec la prédominance de la langue parlée, qui a, pour tes oreilles innocentes, l'avantage d'être d'aujourd'hui, et de gueuler. Ce qui donne à la langue écrite l'aspect d'une vieille pomme ridée pourrissant sur son fumier. Toujours cet « aujourd'hui » dont on te harcèle : le monde d'aujourd'hui, l'école d'aujourd'hui... Alors que le présent n'existe pas. Ce que je viens de te dire est déjà du passé. Ce qu'on appelle PRÉSENT, pour la commodité du langage, n'est que le point d'intersection abstrait entre le passé et l'avenir.

Les taupes adultes avouent elles-mêmes qu'elles sont emportées par le déluge de la surinformation. Un de tes livres de classe le reconnaît : « *Langages et textes vivants*, quatrième », par Louis et Charlotte Arnaud (Éditions Mangard).

« Submergés par le flot des nouvelles qui s'opposent et parfois semblent se contredire ; mal préparés à saisir l'essentiel, là sous l'abondance des détails, ailleurs sous l'excessive brièveté, et à le séparer de l'accessoire ; déconcertés par la variété des organes et leur qualité, nous nous laissons trop souvent porter par un flot que nous ne savons pas dominer. Il faudra apprendre... » (Bernard Voyenne, *La Presse dans la société contemporaine*, A. Colin, 1962.)

Et c'est toi, Jacques, que l'on plonge dans ce flot, que l'on charge de le « dominer », sans t'avoir appris à nager !... Sans t'avoir donné souffle, force, souplesse, par ces exercices de musculature : l'étude du latin et du français classique.

« Marée affolante », dit Bernard Voyenne. « Affolante » pour les taupes adultes. Pas pour toi que l'on pousse dans ce bouillon !... « Étude des messages audio-oraux et audiovisuels ». « Situations de communication où les élèves établissent un rapport vivant entre le langage et la société. » « Enquêtes sur l'expédition du Karakoram, l'art des Indiens d'Amazonie, le travail à la chaîne, femmes chinoises d'aujourd'hui, la recherche scientifique... »

A propos de l'affiche sur la Renault 5 automatique, étudier le « Dénoté » et le « Connoté ». Le « Dénoté » : ce que l'on voit. Le « Connoté » : ce que l'on comprend, interprète ou imagine par association... « Bilan » : « Évaluez dans cette publicité l'importance respective du dénoté et du connoté. »

« Montages audiovisuels : regardez, photographiez les transports en commun à l'heure de pointe dans les villes. »

« Slogans des étudiants de mai 1968 : " La publicité te manipule. " " Consommez plus, vivez moins. " " Vous finirez par crever de confort. " »

« La lecture des mercuriales (lectures de journaux, visites aux supermarchés) »... « Recherchez des slogans, affiches, films publicitaires (nourriture, produits de beauté, automobiles, vacances). Les motivations déclenchées : Gourmandise ? Paresse ? Désir d'évasion ? Désir de paraître, de se distinguer, de dominer. » « Désir de s'informer. »

« Une forme d'art graphique : les pochettes de disques. Apportez en classe les pochettes que vous préférez [1]. Sélectionnez, par une comparaison motivée, les meilleures que la classe ait réunies : originalité de l'idée, accord avec le contenu du disque, graphisme ; couleur... »

Analyse par équipes d'émissions de radio et de télévision consacrées à la chanson :

« Enregistrez, puis sélectionnez des passages caractéristiques de quelques minutes, afin de les présenter [2]. Rédigez un court texte qui, en quelques lignes, caractérisera chacun des passages que vous aurez

1 et 2. Et si les parents sont trop pauvres pour acheter des disques et un magnétophone ?... Étrange façon, dans une démocratie, de favoriser les enfants des riches !

sélectionnés... Le palmarès de la classe... Après une argumentation appropriée, chaque équipe sélectionne une chanson ou un chanteur. Établissez un débat au niveau de la classe entre les différentes sélections présentées [1]... »

D'après *Eugénie Grandet* de Balzac, « étudiez un champ sémantique : polysémie du mot " économie " (épargne, administration, organisation...) ».

Je ne te vois pas labourant un « champ sémantique » avec ta charrue devant tes bœufs. En revanche, je te vois prendre la « polysémie » pour une maladie, genre septicémie.

« Dites à quels " registres " de langue appartiennent les mots : galette, picaillon, pognon, radis – flouse, fric, oseille, pépètes, pèze. »

Te voilà enfoncé dans une des tartes à la crème du jour : les « registres de langue ».

Autrefois, émanant des siècles de culture, fleurissait le système « ne dites pas, mais dites ». Une société trônant sur des certitudes édictait un code grammatical. Un manichéisme du langage : les mots corrects, les mots incorrects. La morale se prolongeait dans le langage : le bien et le mal, la lumière et l'ombre.

Le langage tenait lieu de carte d'identité. Plus que la vêture, il révélait votre condition sociale. Et votre culture, votre attitude à l'égard de la société, de ses lois, de sa religion, de son Dieu. Prononcer certains mots équivalait à une condamnation pénale. Au figuré, chaque Français avait un casier grammatical, symétrique de son casier judiciaire. Si l'un était vierge, l'autre aussi.

En classe, le professeur, gardien de la paix du

1. *Aimer le français aujourd'hui*, par René Gardies (Éditions Scodal, 1979).

vocabulaire, faisait circuler les mots selon des préceptes stricts. De sa règle, glaive flamboyant, cet archange du bien grammatical barrait au Diable l'accès du paradis des mots. D'un « Vade retro, Satanas ! » grommelé dans sa barbe, il repoussait les mots incorrects, les mots vulgaires, les « gros mots », lépreux offusquant le soleil.

Aujourd'hui, catégories de l'entendement, morale, dogmes, tout s'est écroulé. Notre Cinquième laxiste, hallucinée, fabrique machinalement des ombres de lois que tournent cinquante millions de taupes.

Je te l'ai dit et te le redis, peut-être tes parents finiront-ils par m'entendre : l'École est le lieu de prédilection de nos fossoyeurs. De la classe-sanctuaire ils ont fait la classe-poubelle.

Pour te défranciser, il fallait d'abord t'arracher la langue. Avec ses grappes de certitude. Plus de mots corrects et de mots incorrects. Les mots corrects restaient trop attachés à la classe sociale qui détient provisoirement le pouvoir et que l'on veut abattre. Ici apparaît la notion de *registre de langue*.

Je consulte pour toi les programmes des classes de sixième et de cinquième, régis par la loi du 11 juillet 1975, relative à l'éducation, et publiée au premier trimestre 1979 par la librairie Vuibert, mine inépuisable de ces ouvrages :

« La notion de registre de langue a une portée considérable dans le domaine pédagogique. La nomenclature grammaticale pour l'enseignement du français dans le second degré (circulaire n° 75-250 du 22 juillet 1975) signale en ces termes l'importance de cette notion : " Pour assurer une bonne communication, le discours doit être non seulement intelligible en fonction d'une situation donnée, mais encore grammaticalement correct, c'est-à-dire conforme aux contrastes de la langue, et acceptable pour celui qui reçoit l'information, selon le contexte et le registre de langue. '' Au moment où l'enfant arrive au collège, il dispose d'un capital de langage fortement marqué par son origine sociale et ses antécédents scolaires ; il s'en sert avec spontanéité sans prendre garde aux nécessités de telle ou telle communication. »

Voici maintenant une directive, chatoyante sur le papier, mais qui a jeté le cafouillis dans ton esprit, Jacques. L'adulte peut admettre les cotes mal taillées. L'expérience lui enseigne la vertu des dosages. Mais l'enfant doit s'appuyer sur des certitudes : ce qu'il faut dire, ce qu'il ne faut pas dire. La vie l'initiera plus tard aux mélanges. Les lui inculquer trop tôt, c'est l'enliser dans le chaos.

« Le professeur doit lui montrer qu'il existe, selon les situations, différentes manières légitimes de s'exprimer à l'oral et à l'écrit, mais que le registre qui convient le mieux dans un groupe où les participants sont diversement munis, c'est le registre courant. Pour illustrer cette notion, il prend pour référence le registre qu'il utilise lui-même dans ses relations avec la classe, qui ne sont celles ni de l'intimité, ni de la solennité ; à cette fin, il donne l'exemple d'un langage naturel, également éloigné de la familiarité vulgaire et du purisme vétilleux. »

Après avoir expliqué à ses élèves qu'on pourrait dire, suivant le « registre », « eh ! le mec ! » ou « mon cher confrère », le professeur ne s'étonnera pas s'ils le tutoient et lui tapent sur le ventre. Monnaie courante dans les lycées, après Mai 68.

Un préfet négociait la reddition d'un gangster. Barricadé chez lui, le truand pointait son fusil vers les forces de l'ordre. Le préfet, qui, quelques années auparavant, avait publié un *Manuel de savoir-vivre*, crut bon, en vertu des *registres de langue*, d'employer dans son mégaphone, un vocabulaire de truand : « Ne fais pas le con ! »

Le ministre de l'Intérieur estima que ce *registre de langue* ne convenait pas au représentant du président de la République. Il limogea le grossier.

Et voici que se profile, au tournant de ces Instructions, le monstre mou du laxisme. A quand la chasse au LAXI, plus dangereux que son cousin le GASPI [1] ? Quand crèverons-nous sa panse ? Une des armes les plus sournoises du LAXI, c'est sa peur de « traumatiser ». Cheval de Troie qu'au nom de notre « libéralisme » nos ennemis roulent dans nos murs. Observez-le !

Surtout, ne pas « condamner » ! Le professeur qui « condamnerait » une faute s'érigerait en juge. « Tout comprendre, c'est tout pardonner. » Point de fautes. Point de juges. Tous les assassins sont innocents, même les tueurs de vieillards et ceux qui, comme toi, Jacques, involontairement, étranglent cette vieille dame de langue française. Si ton professeur t'avertissait charitablement que tu es en train de lui serrer le kiki, s'il te montrait clairement comment lui rendre son souffle (parler et écrire français), tout irait pour le mieux. Mais le monstre LAXI veille. Si ton professeur desserrait tes mains inconscientes, et te montrait comment révérer cette vieille reine devenue clocharde, le LAXI accuserait ton mentor de « répression » comme s'il t'avait giflé.

1. Le GASPI : monstre inventé par un technocrate, en 1979, pour représenter le gaspillage d'énergie. Au moment de la hausse délirante du prix du pétrole, on organisa la chasse au GASPI.

« Il (le professeur) évite de condamner comme fautes toutes les maladresses et cherche plutôt à démontrer que telle expression risque de n'être pas reçue parce qu'elle n'est pas claire, telle autre parce qu'elle n'est pas conforme aux conventions linguistiques en usage, telle autre parce qu'elle surprend par sa singularité. Écartant les exercices de style, à ce stade prématurés, il compte d'abord sur les effets d'imprégnation que produit sa propre parole... »

Le LAXI a tout fait pour désacraliser le maître dans une classe béante à tous vents. Soudain il semble vouloir le resacraliser par un bout. « Les effets d'imprégnation de sa propre parole »... Comme dans l'Évangile selon saint Jean : « Et le Verbe s'est fait chair et il a habité parmi nous... » Mais on ne resacralise pas en un tour de main ce qu'on avait mis des siècles à sacraliser.

Et cette tartuferie qui tombe en poussière au contact du réel :

« Il (le professeur) ne se prive pas d'interventions ponctuelles, à la condition qu'elles soient mesurées et ne rompent pas la communication... »

Suis-je bien « ponctuel », monsieur l'Inspecteur ? Suis-je assez « mesuré » ? N'ai-je pas trop « rompu la communication » ?

« ... Il a recours à des exercices systématiques de type structural et de type réflexif... »

(Dubois, prenez votre cahier ! Passez du structural au réflexif !...)

« ... Ainsi le langage de chacun s'enrichit par la pratique du langage commun et par le discernement... »

Le « discernement », l'exercice souverain de la pensée, dont sont incapables la plupart des taupes adultes !... Brusquement, il faudrait qu'un lardon de sixième, déshabitué de tout effort, gavé de gadgets, se trouvât investi de ce pouvoir suprême. Par l'opération du Saint-Esprit laxiste.

* * *

Tout à coup, le LAXI se baisse sur ses bourrelets de graisse. Il ramasse quelque chose dans la poussière.

« S'il est essentiel d'apprendre aux élèves à user avec aisance du registre courant, il importe aussi de leur ménager l'accès du registre soutenu, qui est habituellement celui des textes littéraires et de leur en faire découvrir la valeur. »

Ce « registre soutenu », c'est tout simplement le trésor de notre littérature, notre honneur, notre gloire.

Sous quels flots de tisane le LAXI noie ce sanctuaire d'amour !

« Cette initiative ne prend pas la forme d'un enseignement méthodique. »

Surtout pas !... Rien qui ressemble à une armature, à une force. Restons dans les gélatines !...

« ... Elle est discrète et progressive, mais elle se propose d'éveiller chez tous le plaisir de lire des œuvres de qualité. »

En s'adressant à l'âge où l'on n'est que passion avec ce ton de bonnet de nuit, en fait d'éveil, Jacques, on t'a plongé dans la ronflette.

Avant son mariage, la future impératrice Joséphine écrivait à une amie, à propos de Bonaparte : « ... Je me trouve dans un état de tiédeur qui me déplaît et que les dévots trouvent plus fâcheux que tout en fait de religion. »

« Dieu vomit les tièdes », disent ceux qui sont dans ses petits papiers. « La tiédeur des vieilles gens », soupire La Rochefoucauld. J'en étais loin quand j'enseignais le français en troisième, au lycée Janson-de-Sailly ! Un élève avait gravé au couteau, sur un banc : « Guth, cinglé de littérature ! »

* * *

Le 7 janvier 1980, en recevant sous la Coupole les vingt nouveaux membres de l'Académie des sciences, M. Valéry Giscard d'Estaing déclara :

> « Qui ne s'aperçoit aujourd'hui que la France ne peut compter que sur ses seules ressources, qu'elle doit les rassembler toutes et en tirer le meilleur parti ? Pour un pays dépourvu d'énergies fossiles et largement démuni de matières premières, et qui entend cependant préserver un niveau de vie parmi les plus élevés du monde et poursuivre dans son corps social une œuvre de justice qui suppose un supplément de ressources, quel est le seul gisement dont il dispose si ce n'est celui de son intelligence et de son savoir ? »

Le président de la République a décidé que 1980 serait l' « Année du Patrimoine ».

M. Jean-Philippe Lecat, ministre de la Culture et de la Communication, définit ainsi le « Patrimoine » :

> « C'est une sorte de fil d'Ariane qui unit le passé, le présent et l'avenir de notre société et lui permet d'échapper à l'angoisse et à la stérilité. Ce patrimoine ce n'est pas la froideur de la pierre, la glace qui nous sépare des musées, c'est aussi la vieille grange, le lavoir du village, la petite place du marché, le parler local, les chansons. »

« Le patrimoine de notre pays, c'est quatre millions d'œuvres dans les musées, 31 000 immeubles protégés, 400 000 bobines de films, 900 000 dossiers d'archives sur 1,5 km de rayonnages... »

Nobles paroles. Purissimes desseins. Mais as-tu remarqué, Jacques ? Évidemment non. Ce n'est pas le métier des jeunes de prévoir leur avenir. Ce devrait être celui des adultes. Mais, pour ce qui touche leurs enfants, les taupes, que l'amour paternel ou maternel devrait maintenir aux aguets, ne voient pas plus loin que la surface des choses.

En 1980, Année du Patrimoine, on n'oublie pas, dans notre trésor national, la vieille grange du pépé et le lavoir de la mère Denis, on compte les bobines de films, les dossiers, on mesure la longueur des rayonnages d'archives, mais motus sur les pères de notre âme, sur les sourciers de notre langue, sur les fondements de notre entendement, sur les clefs de voûte de notre ciel : les CLASSIQUES.

Les responsables de notre génocide intellectuel ont si machiavéliquement calculé leur coup qu'ils ont modifié le comportement de la nation, le terrain, l'atmosphère.

En toute ingénuité, nos princes, fleuris des meilleures intentions, authentifient ce génocide.

En pays totalitaires, quand on veut qu'une ère nouvelle s'ouvre dès l'an I d'une révolution, on supprime des pans entiers de l'Histoire dans les manuels et les annales. On extrait les faits et les héros de la mémoire collective comme s'ils n'avaient jamais existé. Ainsi a-t-on procédé non dans un pays lointain, enseveli sous les neiges, mais au jardin de la France et, comme l'écrivait le savant hollandais Grotius à Louis XIII, « au plus beau royaume après celui du ciel ».

Comme on jette un os à un chien, on nous a jeté un argument propre au siècle de la vitesse. En un temps de compétition enragée, de course à la mort, où tout vise à tout dépasser, l'intelligentsia a laissé tomber de sa lippe le slogan : « Le passé dépassé. » Ce qui est « dépassé » est nul, non avenu. Enseveli par le sillage des bolides.

« Initiation à une culture accordée à la société de notre temps », déclarent pompeusement les Instructions officielles pour les classes de sixième et cinquième. Comme si l'enseignement antérieur, avec sa moelle des lions, était désaccordé avec son temps, inopérant, ridicule !

Pour « s'accorder à la société de notre temps », notre culture se désaccorde d'avec son passé le plus glorieux, nous châtre de notre mémoire collective. Au profit de ce présent qui n'existe pas. Il n'y a jamais eu de génération du présent, de culture du présent. Fonder la culture sur le présent et la vitesse, c'est l'asseoir sur du vent.

« Pour nous, physiciens croyants, la séparation entre passé, présent et avenir a la valeur d'une illusion, si tenace soit-elle », écrivait, le 21 mars 1955, un mois avant sa mort, Einstein qui en savait plus long sur la culture que nos fossoyeurs.

Contre les classiques on rallume l'éternelle « Querelle des Anciens et des Modernes », aussi enracinée dans nos moelles que celle de la droite et de la gauche. Ronsard, Molière, La Fontaine, Bossuet, La Bruyère étaient des hommes de leur temps. Avec une langue, un style, des idées de leur temps. Faisons étudier aux Jacques de notre temps des écrivains de notre temps, traitant les problèmes de notre temps dans le style de notre temps.

Dans un établissement scolaire de Rouen, ville

natale de Corneille, un professeur a demandé à ses élèves : « Qui voulez-vous expliquer ? Corneille ou Boris Vian ? »

A Jérusalem, Pilate demanda aux Juifs : « Qui voulez-vous qu'on libère pour la Pâque ? Jésus ou Barabbas (un voleur) ? – Barabbas ! », répondirent les Juifs.

A Rouen, le peuple des jeunes répondit : « Boris Vian ! »

J'ai connu Boris Vian. Je l'admirais, je l'aimais. A mes débuts dans la critique, après la guerre, j'ai célébré son talent. En entendant qu'on le préférait à Corneille, dans la ville de Corneille, ce garçon intelligent a dû piquer un infarctus dans sa tombe.

A la télévision on interviewait une jeune institutrice du Gers. Entre un pouce et un index dégoûtés, elle prit les fables de La Fontaine. Elle choisit une des moins connues. Moi-même, spécialiste de La Fontaine[1], je ne l'avais jamais proposée à mes élèves. Elle en massacra quelques vers avec une moue écœurée, épingla deux ou trois mots dont le sens a un peu changé : « Nous parlons comme ça maintenant ? Non ! Alors j'aime mieux faire apprendre à mes élèves les poèmes de Prévert. »

Elle violait les instructions de l'arrêté du 17 mars 1977, excellent sur ce point, je l'avoue. Classe de sixième : « La vie des mots passionne les enfants. Alertés par le maître, ils s'amusent à découvrir qu'ils emploient couramment d'authentiques mots latins (album, lavabo, omnibus) ; et qu'un grand nombre de mots français sont venus du latin jusqu'à eux sous une forme plus ou moins transparente (amor, bonus,

1. Avec mon ami Maurice Rat, j'ai publié une édition scolaire de La Fontaine en quatre volumes (Librairie Nathan, 1940).

libertas). Les mots français prennent pour eux un relief nouveau quand ils livrent leur sens premier et leurs variations de sens et de forme au cours de l'histoire (étonner, formidable, travail)... Les noms de personnes, les noms de lieux, et, d'une manière générale, les termes qui désignent des réalités qui leur sont familières leur proposent des investigations attrayantes. Ces éclaircissements, qui contribuent à l'enrichissement du vocabulaire et à l'apprentissage de l'orthographe, facilitent une pratique plus consciente de notre langue. »

Mes élèves grésillaient d'amusement quand je leur révélais qu'au XVIIe siècle « vous m'étonnez » signifiait « vous m'assenez comme un coup de tonnerre » et « vous me gênez » : « vous me mettez à la géhenne », aux supplices d'enfer.

Au mépris de cette passion des enfants pour le vocabulaire, et de l'arrêté du 17 mars 1977, notre institutrice télévisée chargea un de ses petits élèves de réciter du Prévert. Pour ce fils des coteaux de l'Armagnac, c'était du yakoute des monts de Verkhoïansk. J'aimais bien Prévert. Je l'avais porté aux nues, après la Liberation, à mes débuts, dans ma chronique des livres du journal *Spectateur*. Soudain, je m'aperçus qu'il avait pris un effroyable coup de vieux. Un antique yaourt dont on avait dépassé le délai de consommation. Alors que La Fontaine rayonnait d'une jeunesse insolente, d'une actualité renversante, malgré les deux ou trois mots dont la pédagogue gerçoise aurait pu, en s'amusant, expliquer le décalage à ses élèves.

Actualité de La Fontaine, si brûlante qu'un jour, si on nous prive de liberté, on interdira sa fable *Le Loup et l'Agneau*. Regardez la carte du monde : on y joue à bureaux fermés *Le Loup et l'Agneau*. Le texte que demain, peut-être, nous devrons nous passer sous le manteau et réciter à bouche close.

* * *

En 1936, en plein Front populaire, Daniel Mornet, professeur de littérature française à la Sorbonne, publia à la librairie Larousse : « La littérature française enseignée par la dissertation, à l'usage des candidats aux examens des enseignements primaire supérieur, secondaire et supérieur. »

Léon Blum, chef du gouvernement de Front populaire, était un homme de haute culture. La machine à décerveler n'avait pas commencé à fonctionner. Le livre de Mornet regorge de sujets de bachot empruntés à nos classiques.

> « Je suis moi-même la matière de mon livre », a dit Montaigne. D'après ce que vous connaissez des *Essais*, essayez de montrer la vérité de cette affirmation (Clermont, 1929.)
>
> Lettre de Victor Hugo à Sainte-Beuve pour le féliciter d'avoir (en 1828) « réhabilité l'œuvre de Ronsard et de la Pléiade ». (Poitiers, 1932.)
>
> Vauvenargues écrivait, le 4 avril 1743, à Voltaire : « Je sais qu'on a dit de Corneille qu'il s'était attaché à peindre les hommes tels qu'ils devraient être : il est donc sûr, au moins, qu'il ne les a pas peints tels qu'ils étaient. Je m'en tiens à cet aveu-là. » Pensez-vous, avec Vauvenargue, qu'il faille, en effet, s'en tenir à cet aveu ? Et n'y a-t-il pas de vérité dans les héros de Corneille ? (Aix-Marseille, 1932.)

Les romantiques ont mis Corneille fort au-dessus de Racine. Comment vous expliquez-vous cette préférence ? (Paris, 1928.)

De l'emploi et du rôle de l'histoire dans la tragédie de Corneille. (Toulouse, 1929.)

Que pensez-vous du type du Romain tel que l'a peint Corneille ? (Caen, 1928.)

Commentez ce jugement du poète et critique Victor de Laprade (1812-1883) : « Si la France était forcée, dans quelque naufrage, à sacrifier tous ses poètes, hormis un seul, celui qu'elle devrait sauver, c'est Corneille. Tant que cette grande âme vivra au milieu de nous, tant que sa parole sera écoutée, il ne faudra pas désespérer de l'honneur et de la patrie. » (Besançon, 1928.)

Boileau triomphe à Lille (1930), à Aix-en-Provence (1928), à Clermont (1931). A Poitiers (1931), on propose ce sujet que Mornet trouve « difficile » : « Discuter cette assertion de Lavisse : " Le malheur de Boileau est d'être un poète scolaire que les écoliers ne peuvent ni bien comprendre ni aimer. " »

Dans son corrigé, Mornet souligne « la nécessité de bien connaître le milieu littéraire de 1660-1680 ». Quel potache de première d'aujourd'hui se flatterait de bien connaître le « milieu littéraire de 1660-1680 » ?

Mornet avoue loyalement que « la conception que Boileau se fait, comme tous ses contemporains, de la poésie est en opposition, pour l'essentiel, avec toute la poésie moderne depuis le romantisme. La liberté presque absolue de l'art a remplacé la doctrine d'un art nécessairement soumis à des règles " raisonnables ”... mais (contrepartie) les élèves peuvent parfaitement goûter ou comprendre soit le réalisme pittoresque de Boileau, soit la valeur générale des préceptes qui défendent le naturel et le bon sens contre des jeux d'esprit compliqués et l'affectation ; certains défauts combattus par Boileau sont de tous les temps ».

Racine est un des piliers du bac.

> Montrer en quoi la conception romantique de la « couleur locale » s'oppose au classicisme de Racine. (Strasbourg, 1933.)
>
> « Toute l'invention, dit Racine, consiste à faire quelque chose de rien. » Expliquez cette phrase par une étude de son théâtre. (Alger, 1928.)
>
> Quelle est la pièce la plus racinienne de Racine ? (Grenoble, 1931.)
>
> Taine, dans un article fameux, s'est efforcé de démontrer que le principal intérêt des personnages de Racine tenait à leur ressemblance avec les hôtes du Versailles de Louis XIV. Les héros et les héroïnes de Racine vous paraissent-ils être en effet des documents, et cet intérêt historique est-il le seul qu'ils présentent selon vous ? » (Bordeaux, 1931.)

Le Grand Siècle a tant à dire que ses colosses s'attellent à deux pour haler un de ses thèmes. Sa foudre jaillit entre deux pôles : masculin, féminin ; raison-sensation. Descartes-Pascal ; Corneille-Racine ; Condé-Turenne ; Bossuet-Fénelon. Couples de géants qui se collettent pour proclamer notre force.

Aussi le bac pullulait-il de « sujets demandant une comparaison entre Corneille et Racine ». « Sujets bateaux », ricanent les sarcastiques. Les « bateaux » de la famille. Dans leurs voiles soufflait l'air natal. Équipages et passagers étaient tous frères, sœurs, tantes, oncles, neveux, cousins, cousines. Ils se racontaient les mêmes histoires, chantaient les mêmes rengaines. C'est ainsi que l'on garde le sens de l'identité nationale, tatouage indélébile.

Dans la main de La Fontaine, oncle-gâteau, toutes les universités picoraient des sujets du bac :

> La Fontaine déjeunait un jour chez Furetière. Il lui dit tout à coup : « Monsieur, j'ai lu dans votre dictionnaire universel vos articles sur les différentes espèces de bois ; ce sont là choses nouvelles pour moi et qui m'ont fort intéressé. » Le malin Furetière lui demanda en riant à quoi il employait son temps quand il était maître des Eaux et Forêts. « A quoi j'employais mon temps... », commença La Fontaine... Vous continuerez la réponse. (Grenoble, 1932.)
>
> La Bruyère, dans le discours qu'il prononça lors de sa réception à l'Académie française, estime que La Fontaine, dans ses fables, élève les petits sujets jusqu'au sublime. Qu'entendait-il par là ? Pouvez-vous expliquer sa pensée et la justifier par des exemples. (Lille, 1932.)
>
> Quel charme particulier trouvez-vous à la lecture d'une fable de La Fontaine ? Prenez un exemple précis. (Paris, 1930.)

Les donneurs de sujets se jetaient avidement sur Molière. Son gros comique et son comique sublime

(Alger, 1933). Sa philosophie, qui subsiste jusque sous les pantalonnades du *Mariage forcé* et du *Malade imaginaire*. (Lyon, 1928.) « Une étrange entreprise que celle de faire rire les honnêtes gens. » (Montpellier, 1934.) Si Molière revenait aujourd'hui... « sur l'essentiel il serait encore notre homme », a écrit Jules Lemaître (Rennes, 1931.) « La Fontaine et Molière, a écrit Sainte-Beuve, on ne les sépare pas, on les aime ensemble. » (Paris, 1931.)

Nos classiques étaient si profondément enracinés dans nos moelles, qu'on choisissait même des sujets non sur tel auteur, mais sur l'étude générale de l'esprit classique :

> « Il faut se renfermer le plus qu'il est possible, dans le simple naturel. » (Pascal) (Lyon, 1933.) – Critique de la fausse originalité par Boileau (Caen, 1933.) – Comment les écrivains classiques s'inspirent de la nature. (Paris, 1933.) – Les œuvres classiques sont-elles rigoureusement objectives ? (Alger, 1928.) – Les œuvres classiques sont-elles rigoureusement impersonnelles ? (Nancy, 1928.)

Français, Français, tel était le leitmotiv qui, à travers nos classiques, courait dans les salles du bac. On nouait même ensemble à ce fil d'Ariane un romantique, Musset, et un classique, La Fontaine.

> Un critique a dit de Musset : « Esprit, grâce, jeunesse, passion brûlante, éblouissante fantaisie, tout cela émaille l'œuvre et fait de Musset, sinon le plus grand poète du XIXe siècle, du moins le plus éminemment français que nous ayons eu depuis La Fontaine. » (Aix-Marseille, 1930.)

De 1950 à 1955, les classiques surnagent encore au bachot : La Bruyère, Molière, La Fontaine, Montaigne... Quelques membres épars : un bras, une jambe...

* * *

Aujourd'hui, naufrage total. J'ai sous les yeux les sujets de composition française du baccalauréat, première et terminale, 1979[1]. Un livre à méditer pour les parents dont on a défrancisé les enfants. L'album de nos lâchetés. Le procès-verbal de notre suicide. Tous les classiques balayés, liquidés, nettoyés ! En bloc. En masse. A la trappe !

A la dernière page, parcourez l'index des auteurs cités au baccalauréat en 1979. Vous n'en croirez pas vos yeux. Sillonnez la liste de proscription, pareille à celle des prisons de la Terreur. « Pas possible ! Vous vous êtes trompés », direz-vous.

Relisons ensemble ! A la lettre C, pas de Corneille. A la lettre R, ni Rabelais, ni Ronsard, ni Racine. Ailleurs, ni Molière, ni Boileau, ni Pascal, ni Bossuet, ni La Bruyère, ni Saint-Simon.

Ni Montesquieu, ni Voltaire, ni Diderot, ni Marivaux, ni Beaumarchais, ni Chénier, ni Lamartine, ni Musset, ni Vigny. Creusez le papier avec vos ongles, crevez la page avec votre couteau. C'est trop monstrueux, trop horrible. Pourtant c'est vrai. ILS N'Y SONT PAS.

A la trappe tous nos dieux de passion, d'héroïsme, de gaieté, tous ceux qui parlaient le plus radieux français, les modèles de nos amours et de nos songes ! A la flotte, comme aux noyades de Nantes en 1793,

1. Publiés par les Annales Vuibert.

nos maîtres de vie et de jeunesse, nos certitudes d'or, qui avaient traversé tous les orages et triomphé du temps !

Il a suffi de quelques cuistres haineux, tapis aux postes clés, pour détruire ces chefs-d'œuvre de la nation et du génie, ces maîtres du Patrimoine.

Mais alors, qu'ont-ils mis à la place ? Comment ont-ils meublé ce cimetière ? *L'École ouverte sur le monde* (la revue des enseignants)[1] nous le dira. Interprétons les renseignements de Patrick Peillon :

On remplace les colosses indubitables, inscrits dans les astres, par des auteurs que l'avenir peut-être rétrogradera. Colette et Camus se pavanent aux trois examens : entrée en sixième, BEPC, baccalauréat.

Éluard et Aragon plastronnent au bac, parangons de modernité.

On a recours à quelques spécialistes, avec leur boîte à outils. Aussi indispensables que le plombier pour la baignoire. La biologie : Jean Rostand. L'art : René Huyghe, et je m'en félicite. Mais aussi, hélas ! feu André Malraux. Sur sa tombe les langues se délient : « Vous avez compris quelque chose aux grimoires de ce possédé de tics ? – Pas un mot ! – Moi non plus !... »

Voici les « télévisés ». On pique sur nos écrans bombés, entre la poire et le fromage, *Les Beaux Messieurs de Bois doré* de Mme Sand.

La politique des croque-morts. On fait les cimetières : dans le papier-cristal de nos condoléances, en 1977, sept textes de Malraux, sept roses sur son cercueil. On épluche les anniversaires. Entre le cinquantenaire ou le centenaire de la naissance ou de la mort, on finit toujours par se mettre un

1. N° 48, janvier 1978. Article de Patrick Peillon, p. 22.

défunt sous la dent : cette année, le centenaire de Milosz. Donc, au centre du baccalauréat de Bordeaux, en avant *Le Vent* d'Oscar Venceslas de Lubiez Milosz !

Je suis le vent joyeux, le rapide fantôme
Au visage de sable, au manteau de soleil...

« Vous ferez de ce poème un commentaire composé. Vous pourrez, par exemple, étudier, en liaison avec les moyens stylistiques, comment cette description prend un sens symbolique. »

Depuis la mode de la régionalisation, le vent souffle au biniou et au tam-tam. Aimé Césaire se consomme sur place, frais, aux Antilles, ou en Afrique noire. Joseph de Pesquidoux se déguste dans le Sud-Ouest, avec l'accent. Parce qu'elle a fait du music-hall à Paris et qu'elle noircissait du papier dans son appartement du Palais-Royal, Colette et ses roulements d'r ont dépassé les frontières de la Bourgogne. Et Jakez-Hélias a enjambé celles du pays bigouden.

Dans les sujets du baccalauréat, livrés aux oscillations d'ivrognes de nos bourreaux, Patrick Peillon distingue trois sortes de « nouvelles vedettes ». Primo, les « outsiders ». Surtout des poètes secondaires. Cette année, pourquoi pas un brin de Laforgue, une pincée de Tristan Corbière, une giclée d'Aloysius Bertrand ? Il suffit que la même idée trotte dans la cervelle de plusieurs examinateurs pour que nous ayons, en 1979, trois textes de Laforgue, rouge de confusion dans sa tombe.

Secundo, les auteurs à la mode, les comblés, les gâtés, les chouchous de l'instant : gros tirages en librairie, honneurs du bac. Tel, encore, Pierre Jakez-Hélias.

Tertio, les femmes. Leurs cohortes bottées,

mégotées, descendent au pas cadencé des vitrines des librairies et se bousculent aux barrières du bac. Pour l'instant on ne les a entrebâillées que pour la défunte Colette et pour les septuagénaires Simone de Beauvoir et Marguerite Yourcenar. Bientôt, sous la poussée, les autres s'engouffreront.

Enfin, une troupe grisâtre, sans forme, sans visage : les « anonymes », ceux que les examinateurs camouflent hypocritement derrière des formules anodines... : « un critique a écrit que... », « un écrivain contemporain demande si... ».

Voilà pour quels produits de remplacement, sous couvert de démocratisation, on a privé les enfants du peuple-roi des génies tutélaires de notre Patrimoine. Sentinelles à nos frontières, blindages de nos cœurs, notre vraie force de dissuasion, plus efficace que nos sous-marins atomiques.

* * *

Au XVIIe siècle, la querelle des Anciens et des Modernes faisait rage. Mais les partisans des Modernes ne disposaient pas du pouvoir de nos totalitaires. Dans son poème « Le Siècle de Louis le Grand », qu'il lut à l'Académie, le 27 janvier 1687, le chef des Modernes, Charles Perrault, se bornait à déclarer

Que l'on peut comparer sans crainte d'être injuste,
Le siècle de Louis au beau siècle d'Auguste.

....

La Fontaine, Molière et Corneille et Racine,
Condamnés à perpète à travailler aux mines,

aboieraient aujourd'hui nos gardes-chiourme.

Au XVIIe siècle, les écrivains académiques étaient pour les Modernes. Pour les Anciens, sous les ordres de Boileau, marchaient les érudits, Ménage, Huet, Dacier, et les grands écrivains, La Fontaine, Racine, La Bruyère. Ces novateurs laissaient à leurs œuvres le soin de les défendre.

Aujourd'hui, devant l'ignominie dont nous sommes victimes, je lance un appel aux écrivains qui ont, comme moi, l'honneur de figurer dans les collections de classiques contemporains :

Mes chers confrères,

Pour réparer le génocide de nos classiques des XVIe, XVIIe, XVIIIe, XIXe siècles, adressons une supplique au président de la République, gardien de notre Patrimoine, dont la langue française et nos classiques sont un des plus glorieux fleurons. Qu'on n'étudie nos œuvres en classe, qu'on ne les propose en sujets d'examens qu'après celles de nos classiques ! Entre ces géants, qui ont subi victorieusement les épreuves du temps, et nous qui ne les avons pas encore affrontées et dont l'avenir peut modifier la place, laissons la distance respectueuse que la nature ménage entre les fleurs et les fruits !

Si vous collez votre nez à un tableau, vous ne distinguez qu'un gribouillis. Pour y voir quelque chose, vous devez prendre du recul. En littérature, ces trois pas en arrière sont ceux du temps. Attendez qu'il les fasse pour nous, comme pour nos classiques. Sinon nous risquons des erreurs, d'autant plus déplorables que nos enfants ont droit au meilleur. Notre publicité à la télévision nous propose pour eux les nourritures terrestres les plus exquises. Et pour les nourritures de l'esprit, nous les condamnerions à des produits encore instables, ou inférieurs !

Au XVIIe siècle, le Corneille qui triomphe au théâtre n'est pas l'immortel Pierre, mais son médiocre frère Thomas. Sa tragi-comédie *Timothée* (1656), représentée quatre-vingt-six fois, chiffre faramineux alors, remporte infiniment plus de succès que les chefs-d'œuvre de l'auteur du *Cid*.

A la même époque, le triomphe ne va pas à la *Princesse de Clèves* de Mme de La Fayette, devant laquelle nous nous prosternons. Il couronne le fatras, illisible pour nous, sécrété par la double plume fraternelle de Georges et Madeleine de Scudéry : *Artamène ou le grand Cyrus* (1649-1653 – dix volumes, 5 000 pages) et *Clélie, histoire romaine* (1654-1661 – dix volumes, 10 000 pages).

Le 25 décembre 1838, finissant de dicter *La Chartreuse de Parme*, Stendhal prophétise qu'il ne sera compris que dans cent ans. Le seul article élogieux sur ce roman est de Balzac. Le plus grand critique du temps, la vipère Sainte-Beuve, prétend qu'il ne l'a écrit que pour rembourser Stendhal du prêt de quelques louis.

Ses contemporains laissent Baudelaire s'enfoncer dans la folie sans le comprendre. L'omnipotent Sainte-Beuve ne lui consacre qu'un paragraphe d'un article du *Constitutionnel :* « Des prochaines élections à l'Académie » (1862). Uniquement pour le pousser à se désister.

Laisse faire le temps, ta vaillance et ton roi,

conseille le roi de Castille au Cid qui a tué en duel le père de Chimène.

Laissons faire le temps, roi des rois, pour donner aux enfants du peuple-roi les chefs-d'œuvre qu'ils méritent ! Ne laissons pas des laveurs de cerveaux anticiper criminellement sur ses lois !

* * *

L'acharnement de haine de nos égorgeurs pour notre littérature éclate dans la circulaire n° 72-455 du 23 novembre 1972, modifiée par diverses circulaires, dont la plus récente est la circulaire n° 78-476 du 4 décembre 1978 [1].

II. Français, séries A, B, C, D et E.

(Épreuve écrite anticipée ou épreuve subie par dérogation en même temps que les autres épreuves.)

Dans chaque série, le candidat a le choix entre trois sujets de composition française :

– Une contraction de texte (résumé ou analyse) suivie d'une discussion,
– un commentaire de texte,
– un essai littéraire.

Triomphe naïf du fossoyeur, enterrant le passé d'un grand coup de pelle sur la tête : *On notera que le terme de « dissertation » n'est pas employé dans ces trois exercices*. La « dissertation » des époques de culture, rappelant un passé trop glorieux.

I. *Premier sujet*

... « On retiendra un texte de deux à trois pages qui puisse éveiller l'intérêt des jeunes d'aujourd'hui... »

1. Cf. Baccalauréat de l'enseignement du second degré. Programme Vuibert, p. 95, 96, 98, 99.

(Toujours la terreur de ne pas exciter l'appétit des jeunes du sacro-saint « aujourd'hui ». Comme si, sous Pépin le Bref et sous Nabuchodonosor, il n'y avait pas eu un « aujourd'hui » ! ... Et toujours ce recul devant l'effort ! L'enseignement n'a plus le droit de proposer aux jeunes ce qu'ils devraient savoir pour transmettre à leur tour la culture. Aux ordres des jeunes, les « enseignants », la serviette sur le bras, leur servent ce qu'ils commandent d'un claquement de langue.)

... « Formant un tout cohérent, de préférence sans coupures, ce texte ne doit pas exiger, pour son interprétation, la connaissance de l'œuvre, ancienne ou moderne, dont il peut être extrait... »

(Surtout ne pas rattacher ce texte à son tronc, à ses racines, à son arbre !... A rien de ce qui pourrait rappeler la vie, sa continuité, sa richesse et le développement de notre littérature. Sur un plateau on sert aux jeunes une pomme abstraite, séparée du pommier, dont ils ne doivent même pas savoir que c'est une pomme. Une pomme assistée, pour enfants de l'Assistance publique. Incolore, inodore, sans saveur :)

« Sa composition (de ce texte) doit être apparente, sa langue et son style aisément accessibles (sur les points délicats, des notes fourniront des éclaircissements). On évitera, d'une part, les textes dont le caractère littéraire ou poétique, fortement marqué, risquerait d'être altéré par la transposition, d'autre part, les textes qui traitent de vastes problèmes philosophiques, multiplient les allusions savantes, usent indiscrètement d'un vocabulaire spécialisé. »

De ses pattes en saindoux, le LAXI écarte tout ce qui est original, coloré, animé, riche d'élans, de sucs, de reliefs : la fleur de la littérature. Et, dans l'abstrait, la plus profonde pensée philosophique. Il ne retient que le lavement de guimauve.

Dans la suite de ses déglutitions, le LAXI déploie son même entêtement antilittérature.

II. *Deuxième sujet* (commentaire de texte)

« Le candidat doit en faire un commentaire qui met en évidence l'intérêt personnel qu'il y découvre : il n'a pas à faire servir ses observations à l'illustration d'un chapitre d'histoire littéraire... »

(Toujours la frousse majeure du LAXI : si les candidats allaient se raccrocher aux branches du grand arbre abattu, au chêne du Patrimoine détruit !...)

« ... ce qui est essentiellement demandé, c'est de manifester un sentiment sincère et d'exercer une libre réflexion... »

(La cime à laquelle ne parviennent, après de longs exercices, que les esprits les plus vigoureux. Le LAXI propose son escalade aux amibes !)

III. *Troisième sujet* (essai littéraire)

« Le sujet pose, éventuellement à partir d'une citation, une question largement ouverte, qui n'appelle pas une réponse unique et préméditée. Cette question est formulée de manière que chaque candidat se sente capable de la résoudre pour son propre compte selon ses propres vues, en tirant parti à sa convenance des lectures qu'il a faites en classe et hors de la classe et sur lesquelles il peut fonder un jugement motivé... »

Voilà le LAXI repris par sa débâcle intestinale : si les candidats allaient loucher vers la Littérature abhorrée, si, à travers leur cloaque mental, ils pêchaient à tâtons des lambeaux de la mémoire collective !...

... « Il ne s'agit donc ni d'une " question de cours " portant sur un ouvrage, un auteur, un mouvement impérativement désigné, ni d'un débat de doctrine portant sur la définition théorique d'un genre, la genèse ou les effets généraux des productions de la littérature. L'intérêt des réflexions ainsi formées et des illustrations ou des justifications qui les éclairent est mis en valeur par la solidité de la composition. »

« La solidité de la composition ! » Où les pauvres bougres de candidats, nourris de vent et d'amusettes, béquillards titubant de moulinettes en aspirateurs, n'ingérant jamais la moindre bouchée de « solide », qui demanderait un effort à leurs quenottes, où ces anémiés de l'intellect dénicheraient-ils, le jour du bac, cette « solide composition » ? Où ces globules blancs trouveraient-ils soudain ces muscles d'Hercule ?

* * *

Pendant que le LAXI se livre en classe à ces sinistres gaudrioles, le troupeau des taupes ramasse à la sauvette les débris des classiques en des lieux indus. Dans les chansons de Brassens, inspirées de Villon, de Ronsard, de Rabelais, de La Fontaine. Au music-hall, chez les Frères Jacques, interprétant en collants noirs *Le Corbeau et le Renard*. A la télé, le dimanche, à 17 h 51, sur FR 3 : « Le Théâtre de toujours. » Molière, Racine, Marivaux, Musset, Labiche, l'admirable Shakespeare de la BBC. Au cinéma, où notre vedette comique n° 1, Louis de Funès, joue *L'Avare* de Molière. Un rêve de vingt années, le couronnement d'une carrière, la purification d'une vie de succès commerciaux. Aux siècles de foi, un reître élevait une chapelle à la Vierge pour se laver du sang des guerres.

L'Avare : un script de 500 pages, un film de 17 millions de francs. Treize semaines de tournage aux studios de Boulogne-Billancourt, à Senlis et dans le Sud-tunisien. Autant de génuflexions devant la statue de notre saint patron du rire. Et cette prière, psalmodiée par de Funès, à genoux, en donateur :

« J'avais d'abord songé à monter gratuitement *L'Avare* à la télévision, un cadeau pour ceux qui m'aimaient bien. Mais la télé ne pouvait offrir le spectacle somptueux que je désirais. J'ai attendu longtemps parce que je ne me sentais pas encore assez mûr pour affronter Molière, notre maître à tous. Il me restait à terminer mes classes. »

Sa générosité lui valut les horions de ceux qui, au lieu de juger son jeu, peut-être blâmable, se hâtèrent de politiser ses harpagonnades. Un Harpagon de droite, encensé par Revel et Cau, contre un Harpagon de gauche, vomissant celui de droite :

« Son Harpagon est un porte-parole de la majorité silencieuse et du poujadisme bruyant. Il cotise à Laissez-les vivre, s'arme à légitime défense et se nourrit chez Gault-Millau !... Il a la jaunisse (fièvre de l'or) métaphysique, l'aigreur Action française. » (Michel Boujut, *Les Nouvelles Littéraires*, 13 mars 1980.)

* * *

Pendant mes études, la semaine avant les grandes vacances, nous vivions des jours bénis. Les rideaux, tirés contre le soleil, avaient des gonflements de voiles. Au dessus du Lot, dans la pénombre, le vieux collège prenait des airs de caravelle. Avec des mines gourmandes, le professeur extrayait de sa serviette des livres insolites. Ils n'avaient pas la couverture couleur de vieille olive sucée de nos manuels. Leur reliure cartonnée, blanche ou crème, évoquait les garden-parties à capelines dans les parcs des châteaux. Avec des arrière-plans de guerre et d'amour, la collection Nelson rappelait le vainqueur de Trafalgar, foudroyé sur son navire.

Notre maître remportait pour nous une victoire sur l'ennui. Évadé de la discipline, il nous faisait lecture d'une voix que nous ne lui connaissions pas. Ses inflexions en roue libre humanisaient celui que jusqu'alors nous déifions. Nous pouvions enfin l'imaginer mangeant, buvant, roulant à bicyclette, faisant l'amour.

Il nous lisait *Pêcheur d'Islande*, de Pierre Loti. *Le Roi des montagnes* ou *L'Homme à l'oreille cassée* d'Edmond About. *Les Lettres de mon Moulin* ou *Le Petit Chose* d'Alphonse Daudet, *Madame Bovary* de Flaubert. Il claironnait *Cyrano de Bergerac*, ou *L'Aiglon*, d'Edmond Rostand. Il s'alanguissait sur la comtesse de Noailles, diaprée de parfums de femme et de désir. Avec des airs de complicité un peu hagards et des regards circulaires, comme pour s'assurer qu'aucune oreille policière n'écoutait, il nous révélait l'univers sulfureux de Baudelaire, encore exclu des programmes. Le lendemain, pour nous purifier, il vouait des grands yeux de naïveté et des intonations simplettes à Francis Jammes dont les Pyrénées entraient soudain par la fenêtre :

Avec ton parapluie bleu et tes brebis sales,
avec tes vêtements qui sentent le fromage,
tu t'en vas vers le ciel du coteau, appuyé
sur ton bâton de houx, de chêne ou de néflier.

Sagesse de nos pédagogues, imbus de christianisme, jusqu'aux sans-Dieu : fruit défendu, cueilli sur l'arbre du savoir par Ève, au Premier Jardin.

Notre autre mère, l'Alma mater universitaire, imitait l'épouse d'Adam. Dans l'incandescence de l'été, elle entrebâillait la porte de l'Eden. A la voix de notre maître tentateur, nous découvrions des lointains bleus, transfigurés de songes. Gouvernement subtil du désir. Alternance d'austérité et de délices. Entraperçue du fond de notre cloître, la littérature moderne brasillait au loin, éperdue de rêves : récompense de nos épreuves, dame de nos pensées, étoile du matin.

Aujourd'hui, sur l'étal de notre inappétence, la femme s'offre, cuisses ouvertes, et les bouchers pédagogues jettent à nos enfants, toute crue, la littérature moderne. Au programme, comme l'éducation sexuelle. Rasante, comme toute contrainte. Entrant dans trois catégories comme les femmes, rangées par Paul Valéry (sur ce point, je le blâme), en « emmerdantes, emmerdeuses, emmerderesses ».

J'ai éprouvé moi-même, de mon propre chef, la fascination du fruit défendu. Je lui dois le plus moderne des génies, le plus capable, comme le recommande le LAXI, d'« éveiller l'intérêt des jeunes gens d'aujourd'hui ».

Au collège, dès que sonnait la cloche, mes camarades se ruaient hors de la classe. On aurait dit qu'un tremblement de terre les menaçait, qu'il fallait quitter d'urgence un sol qui allait s'entrouvrir. Au contraire, j'aimais m'attarder, surtout après le dernier cours de l'après-midi, quand je savais que personne ne reviendrait.

Un soir, je me risquai à ouvrir le tiroir de la table du professeur. J'y découvris un livre énorme, que je me mis à feuilleter : un vieux Shakespeare illustré. On y voyait des rois avec des couronnes de fer et des pointes pareilles à celles des grilles. Des guerriers aux cuirasses en écailles de poissons poursuivaient, l'épée à la main, des jeunes filles dans les bois. La lune se levait sur des tours. La tempête jetait des navires à la côte. Des sorcières surveillaient des marmites d'où fusaient des vapeurs.

Tous les soirs, debout, je lus ce livre. Je n'osais pas m'asseoir à la table du professeur. Si un pion m'avait surpris j'aurais rejeté le livre dans le tiroir et fait semblant de chercher quelque chose par terre.

Je demeurais aux aguets, debout, prêt à m'enfuir. Une moitié de moi épiait, l'autre s'adonnait aux merveilles.

Le soir tombait. Au loin les klaxons des autos résonnaient dans la ville, le long des Promenades, où les cafés s'allumaient. Je n'osais pas m'approcher de la fenêtre pour mieux voir. J'aurais été plus facile à surprendre. Je collais mes yeux au vieux livre. Les châteaux, au fond des forêts, les salles immenses des banquets, où rougeoyaient les torches, s'emplissaient de ténèbres.

« Et en vérité j'ai le cœur si accablé que cette belle fabrique, la terre, me paraît un promontoire ; que ce merveilleux dais, voyez-vous, ce magnifique firmament au-dessus de nous, ce toit majestueux rehaussé d'or et étincelant, eh bien ! tout cela ne me semble plus qu'un affreux et pestilentiel amas de vapeur. »

Ainsi parlait Hamlet, prince de Danemark, qui se fondait, en pourpoint noir, parmi les ombres. Ophélie m'apparaissait comme une pâle fleur de la nuit. Elle chantait du fond d'un gouffre où se dissolvait sa blancheur :

Le voilà mort et enterré
Oui, mort et mis en terre ;
Un gazon vert à son chevet,
A ses pieds une pierre.

Tout cela bougeait autour de moi, avec la menace accrue de l'obscurité, qui rendait ma présence de plus en plus insolite. (Allumer l'électricité m'aurait trahi.) Les cris des rois qu'on égorge se confondaient avec ma terreur d'être pris.

Depuis ce temps, Shakespeare est resté mon trésor secret. Je n'en jouis pas avec cette possession paisible de ceux qui l'ont lu sagement dans leur chambre. Il reste pour moi un bien menacé. Je dois le défendre contre l'agresseur et la nuit.

Mais je ne peux plus le voir jouer. Il soulève en moi des extases que la voix des plus grands acteurs éteindrait. Je reste au centre de ses fables, cerné par les ténèbres, seul avec son univers de nuées.

On égorge
le latin

Jacques,

Toi qu'on a défrancisé, sais-tu que la France s'appelait jadis la « Gaule ? » ? Un demi-siècle avant notre ère, la majeure partie de tes ancêtres, les Gaulois (les Celtes entre la Garonne et la Seine, les Belges de la Seine à l'Escaut) parlaient le celtique. Seuls les Aquitains (entre Garonne et Pyrénées) parlaient un idiome particulier, l'ibère, d'où naquit le basque.

De 124 à 118 av. J.-C., aux bords de la Méditerranée, les Romains avaient fondé la Province romaine, « Provincia romana », aujourd'hui la « Provence ». Principales villes : Aix, Arles, Nîmes, Narbonne. On y parlait déjà latin. Depuis longtemps les Grecs avaient colonisé des cités commerçantes de la côte, où l'on parlait grec : Antibes, Nice, Agde, Port-Vendres. Songe, Jacques, que les Phocéens, ces Grecs d'Asie mineure, avaient fondé Marseille vers l'an 600 avant notre ère. Comme beaucoup de jeunes, tu admires Pagnol, dont la Télé t'a révélé les films. Tu ne peux le comprendre que si tu sais que ce chantre de Marseille, né, tout près, à Aubagne, descend des Phocéens. C'est notre « Ulysse aux mille ruses », chercheur d'or et de sources, magicien des doigts et de l'esprit, mathématicien, mécanicien, dramaturge, conteur, cinéaste, inventeur de machines, ciseleur de combinaisons financières.

De 58 à 51 av. J.-C., Jules César, que tu connais peut-être par les bandes dessinées d'Astérix, conquit la Gaule. Les Romains n'eurent pas besoin d'apposer, sur nos murs, des affiches de leur QG : « Ordre à tout Gaulois de parler latin, dès demain, à l'aube, sous peine de mort. » Ces moustiques de Gaulois, attirés par tout ce qui brille, se ruèrent sur le phare du vainqueur. Le latin représentait la force, le droit, les affaires. C'était en latin qu'on commerçait, qu'on jugeait, qu'on administrait. On faisait fortune en latin, on devenait fonctionnaire en latin, on « arrivait » en latin, on couchait fructueusement en latin. Ne pas parler latin, c'était se mettre au rancart. Ce n'était pas le genre des Gaulois, vifs comme moineaux en branches, imitateurs comme des volées de Thierry Le Luron, alouettes aux miroirs. Surtout les Gauloises, des futées, qui n'avaient pas les yeux dans leur poche pour saisir le vent.

A partir du IIIe siècle, l'Église, prenant le char romain en marche, sauta au bas du chariot grec de ses origines. Elle chanta Dieu en latin. Elle conféra au latin le sceau du Tout-Puissant. Germant sous tous les pavés, les écoles latines se mirent à l'unisson : à Marseille, Autun, Bordeaux, Lyon, Besançon, Reims... Jusqu'au IVe siècle, la Gaule fournit à Rome un contingent d'avocats latins, riches en effets de toge : Domitius Afer, Julius Africanus, Marcus Afer, Julius Secundus. Et des poètes, latinisant à l'envi : Terentius Varro, Cornelius Gallus, Valerius Cato. A partir du IVe siècle, de purs Gaulois devinrent, sur le sol même de la Gaule, d'authentiques écrivains latins : Ausone, Rutilius Claudius Namatianus. Comme si, de nos jours cédant à la mode anglo-saxonne, Claudel et

Jules Romains avaient écrit en anglais *L'Annonce faite à Marie* et *Les Hommes de bonne volonté*.

En latin encore, toutes les œuvres des périodes mérovingienne et carolingienne, y compris celles de la renaissance littéraire, sous Charlemagne, illustrées par des théologiens de la carrure d'Alcuin et de Théodulfe et des historiens de l'envergure d'Eginhard.

Il fallut tout de même six siècles, comme de Philippe le Bel à Valéry Giscard d'Estaing pour que ces étourneaux de Gaulois se dégauloisassent de A jusqu'à Z.

Mais ne crois surtout pas, Jacques, que le latin adopté par les Gaulois était le pur latin académique de Cicéron et de Virgile. Pas plus qu'aujourd'hui on ne parle à Pigalle le français des discours de réception sous la Coupole. Les Gaulois cueillaient au vol le latin des soldats et des marchands, déjà déformé, comme le français des bidasses et des poissonnières des Halles. Ce latin tripatouillé, ils l'adultéraient encore en le faisant glisser de leurs oreilles à leurs mandibules. A partir du latin de cuisine qu'ils avaient cru entendre, ils mastiquaient une bouillie gallo-romaine, qui devint une nouvelle langue, le ROMAN, d'où est issu le français. Nos mots les plus huppés descendent de l'argot des trouffions ou des BOF (beurre, œufs et fromages) latins. Quand nos ultimes douairières du boulevard Saint-Germain disent à leur petite fille en jeans : « Sophie, ne te gratte donc pas la tête ! », elles ne se doutent pas qu'elles jaspinent l'argomuche. TÊTE vient de l'argot militaire TESTA (poterie). Comme nous disons « la fiole, la cafetière ». Du grand mot classique latin CAPUT, désignant cette partie du corps, vient le pompeux CHEF (couvre-chef). Si elle savait le latin, la nymphette en jeans pourrait reprendre sa mère-grand : « Grand-maman, soyez correcte ! Dites : Sophie, ne te gratte donc pas le chef ! »

Tout cela pour te dire, Jacques, qu'en 1980, « Année du Patrimoine », nos cinquante millions de taupes ont bonne mine d'avoir laissé étrangler en classe le latin. Plus que la vieille grange du pépé et que le lavoir de la mère Denis, ne crois-tu pas que la langue dans laquelle nous macérons depuis vingt siècles appartient à notre PATRIMOINE, en forme le fondement, les assises, les racines ? Ne crois-tu pas que nous avons le latin dans les moelles, dans les entrailles, dans les globules ? Que c'est un génocide et un sacrilège immondes de l'en arracher ? En injuriant, comme dans les pays totalitaires, ceux que l'on massacre. Les circulaires officielles traitent le latin et le grec de « langues mortes [1] ». Coup de pied de l'âne pour en détourner les jeunes. « Y a-t-il, parmi vous, des volontaires pour s'enterrer avec les morts ? » demanda-t-on, avec une moue de mépris, à ces vivants. Alors qu'il était si facile de parler de « langues anciennes » ! Monsieur le ministre Christian Beullac, fin comme l'ambre, rayez « langues mortes » de vos papiers !

* * *

Le latin nous aide à connaître profondément le français dans ses secrets. Il nous fait respirer cet air de famille, qui échappe aux étrangers. Par la grâce des innombrables liens étymologiques tissés entre les deux langues. Par la musique du double clavier

1. Note d'information. N° 79-19, du 21 mai 1979, avant-dernière ligne : « Dans les établissements privés, l'accroissement relatif des effectifs d'élèves étudiant les langues mortes... »

des « doublets » : deux mots formés sur le même mot latin. L'un descend du latin par la voie populaire en suivant trois grandes lois : 1° maintien des syllabes accentuées (bónitátem, bonté-liberáre, livrer) ; 2° disparition ou assourdissement des syllabes atones (táb [u] lam, table – hós [pi] tále, hôtel) ; 3° chute de la consonne médiane (se [c] úrum, sûr – do [t] áre : douer).

A chacun de ces mots populaires, venus d'un mot latin parlé, capté par l'oreille et fixé dans sa déformation spontanée, au plus tard au XIIe siècle, s'ajouta, surtout au XIVe, un mot savant, calqué automatiquement sur ce même mot latin écrit, donc comme immuablement gravé dans le bronze.

Quel délice, pour mes élèves, de jouer de ce double instrument qui, à travers les siècles, leur faisait entendre la voix populaire, grasse et chaude, de leurs ancêtres et la voix en cul de poule des lettrés, calquant sur le mot latin, avec une ponctualité à la Thomas Diafoirus, leur savantissime doublet ! Comédie d'un peuple jouant avec la vie, en famille, tendresses et tics, comme quand on se retrouve, aux vacances, tantes pédantes , cousines folles, oncles farceurs, dans la vieille maison sous les platanes.

Ça t'aurait peut-être amusé, Jacques, comme mes troisièmes, d'apprendre que

INTEGRUM	donna le mot populaire	ENTIER	et le mot savant	INTÈGRE
RIGIDUM	–	RAIDE	–	RIGIDE
FRAGILEM	–	FRÊLE	–	FRAGILE
MOBILEM	–	MEUBLE	–	MOBILE

Le latin n'eût-il que cet avantage : mieux nous installer dans notre peau quand nous parlons français et nous donner vingt siècles d'ancêtres pour nous enraciner plus profondément dans notre terre, ce serait déjà faramineux. Les grandes familles s'enorgueillissent d'arbres généalogiques montant jusqu'au ciel. Pourquoi le peuple-roi ne s'en offrirait-il pas de plus beaux ?

Le latin a un autre avantage, incomparable pour nous, Français. Même si César n'avait jamais conquis la Gaule et si nous continuions à parler le celtique, nous devrions apprendre le latin. En son infinie bonté, le Papa gâteau éternel nous a pourris de dons, que Péguy dénombra mieux que personne. Mais une fée Carabosse glissa parmi ces trésors un défaut, qui risquait de les faire tomber en quenouille : la légèreté. Pas la légèreté qui va et qui vient, et qui cède, de temps en temps, la place au sérieux. Non ! la légèreté primordiale, totale, incurable, qu'aucun malheur ne guérit, qu'aucun danger ne suspend. Notre tête, ouverte à tant d'idées et de charmes, qui jadis nous firent adorer, est bâtie sur le patron de la linotte. Taupes et linottes en nos gloires et nos maux. Notre légèreté qui nous cache les périls que seuls surmonteraient les héros et les saints, nous précipite aussi, à tout moment, aux bords de l'abîme. Tout autre peuple que le nôtre, enfant gâté de Dieu, aurait été depuis longtemps balayé de la terre. Nous ne survivons qu'à coups de miracles, comme l'ivrogne qui titube sans tomber, au mépris de la pesanteur. Cela ne peut pas durer. Cela ne durera pas. Le monde se glace, se bétonne. Les tyrans qui convoitent son empire sont insensibles à nos grâces, comme des brutes qui veulent la violer dans un fossé le sont aux minauderies d'une bergère.

Or, le latin est l'antidote souverain contre la légèreté. Plus que le grec, langue des dieux, des artistes, des poètes, des oiseaux, des abeilles, de tout ce qui vole et rayonne. Le latin est la langue du centre de gravité, du lest, du polygone de sustentation, de la voûte, de l'égout, de l'amphithéâtre, de l'aqueduc, de la route aux dalles quadrangulaires, du ciment durci en roc, du glaive, du cordeau, de la truelle, de la balance de Justice, de tout ce qui pose, pèse, équarrit, stabilise.

Le latin et le grec se complètent comme l'homme et la femme. Les Français, peuple femelle, ont besoin de la virilité du latin. Imprégnées du latin et du grec, deux familles de génies antithétiques fleurirent chez nous. Les latinistes, mâles et dominateurs : Malherbe, Corneille, Bossuet, Chateaubriand, Hugo... Les hellénistes femelles, impressionnables, fluides : Ronsard, Racine, Fénelon, André Chénier...

Au début du XVIe siècle, la Renaissance, ivre de vie, créa l'expression « studia humanitatis », les « études d'humanité ». « Faire ses humanités », comme si l'homme ne pouvait être pleinement humain que par le latin et le grec. L'armure dont on adoubait le chevalier du savoir était gréco-latine. Le philtre bu par ce preux : moitié miel de l'Hymette, moitié lait de la louve romaine, nourrie de codes et de casques.

Aujourd'hui nos totalitaires ont osé prétendre que le latin était un « enseignement de classe », un « privilège bourgeois ». Si le latin était jadis un privilège des nantis, la vraie démocratie n'aurait-elle pas exigé qu'aujourd'hui on l'étendît à tous les enfants du peuple-roi ? D'ailleurs moi, fils de mécanicien, qui ai fait du latin à coups de bourses, je cherche vainement en quoi mon père et moi étions des nantis.

Sournoisement, les étrangleurs de la liberté ont repoussé le latin et le grec au niveau des classes de quatrième. En 1971-1972, dans ces classes, 200 000 jeunes héros font encore du latin, 5 500 font à la fois du latin et du grec, 2 300 du grec seul.

« Toutefois, reconnaît la note d'information n° 73-45 du 31 décembre 1973, toutefois cette diminution s'est surtout manifestée jusqu'en 1970, alors qu'actuellement un léger accroissement relatif, déjà constaté en 1971-1972, semble se dessiner ; d'autre part la diminution du pourcentage des latinistes a surtout porté sur les effectifs des lycées, au contraire des CES et des CEG où leur proportion s'est sensiblement accrue. »

En 1972-1973, ensemble des élèves de quatrième et troisième étudiant le latin : 198 000. Ceux qui font à la fois du latin et du grec : 5 300. Grec seul : 3 000.

En 1974-1975 : le latin seul en quatrième et troisième : 197 000. A la fois latin et grec : 3 500. Grec seul : 5 600.

Malgré les persécutions, les sarcasmes, le garrot, le latin et le grec progressent. Église du silence en nos catacombes.

En 1978-1979, les petits paladins qui s'obstinent à faire du latin seul en quatrième et troisième s'élèvent à 226 900. Ceux qui font à la fois du latin et du grec : 2 100. Le grec seul : 12 200.

En latin, le pourcentage des élèves est passé de 20,6 % en 1974 à 23,1 % en 1978. Le grec, martyr des martyrs, a rampé tout de même, sous les outrages, de 0,9 % à 1,4 %.

Dans l'enseignement privé, la proportion des latinistes, plus forte que dans le public, grimpe jusqu'à 25,2 %.

Le génocide du latin est d'autant plus stupidement suicidaire que nous prétendons vivre dans une ère scientifique. Les étrangleurs du latin sont les descendants de ceux qui envoyèrent Lavoisier à la guillotine : « La Révolution n'a pas besoin de savants. » Le latin forme l'esprit scientifique beaucoup plus que l'esprit littéraire. Nos meilleurs scientifiques avaient tous fait du latin. Beaucoup d'ouvrages sur le latin sont dus à des scientifiques. Un des plus fervents chevaliers du latin, le recteur Capelle, était un spécialiste des engrenages. Il rentrait un jour d'un congrès à Londres. Sur le bateau du retour, il se dit : « Tous ces congressistes se sont engueulés dans leur langue sans se comprendre. Si l'on avait publié un résumé de leurs communications en latin, comme au XVIe siècle où tous les savants d'Europe latinisaient, mes confrères se seraient compris. »

Le latin, langue de la science, s'adapte même aux techniques de pointe. Devant mes élèves je louais sa brièveté, amie des inscriptions gravées dans le marbre et dans la mémoire des siècles. Une anecdote les réjouissait : Cicéron avait parié avec un ami de lui écrire la lettre la plus courte : « EO RUS » (je vais à la campagne). « I ! » (vas-y), répondit l'ami.

Cette brièveté renversante fait aujourd'hui du latin la langue idéale pour la programmation des ordinateurs.

Le paradis des sciences et des techniques, les États-Unis, a compris l'importance du latin. Là-bas, le latin et le grec refleurissent dans les universités, surtout chez les scientifiques. Dans certains cas, d'une année à l'autre, le nombre des latinistes a doublé. Les nouveaux ingénieurs des USA iront travailler dans des usines spatiales ou exploiter la Sibérie avec *L'Énéide* sous le bras.

Le latin est si inexorablement scientifique que, moi qui ne le suis pas, j'ai failli me faire coller à cause de lui à tous mes examens ou concours, du bac à l'agrégation. Mon idolâtrie pour le latin n'est donc pas une nostalgie de rêveur chantant le bon vieux temps avec des yeux de merlan frit, mais une passion raisonnée, fondée sur une constatation, contraire à ma nature.

En 1976, les immortels de l'Académie des sciences, tu m'entends bien, Jacques, et non de l'Académie française, votèrent la motion suivante :

> « Constatant en particulier que les coups très durs portés à l'enseignement des humanités classiques par la réforme de 1968 n'ont en aucune manière annoncé un développement compensatoire des autres formes de culture, ils ne croient pas du tout que la disparition du latin et du grec contribuerait à l'avancement des sciences. Ils souhaitent que soit préservée dans la structure nouvelle de l'enseignement la possibilité pour les scientifiques de recevoir dans le premier cycle une formation classique solide, et qu'à cet effet une option avec le latin soit rétablie dès la classe de sixième... »

Les taupes restèrent sourdes à cet appel.

Les taupes ont débordé nos frontières. Elles ont envahi l'Église, dite jadis *catholique* : en grec *universelle*. Elle avait largué le grec de ses origines pour emprunter la langue universelle d'alors : le latin. Aujourd'hui, la taupe catholique se croit très fine en le jetant aux orties. Elle s'imagine flairer le vent en lâchant sa langue universelle pour le plat de lentilles aux cailloux de la démagogie. Jadis, à la même heure, à Bornéo, à Chicago, à Ouagadougou, à Villeneuve-sur-Lot, des prêtres catholiques disaient la messe en latin. Aujourd'hui l'Église des taupes n'est plus l'Église catholique, c'est-à-dire universelle, maintenue par le ciment romain, mais une poussière de sectes dont chacune parle sa langue et prépare son schisme. Jésus ne dit plus à Pierre : « Tu es Pierre et sur cette pierre je bâtirai mon Église », mais « Tu es poussière et, dans cette poussière, sombrera mon Église ».

Pourtant, quelque part au monde, un grand homme a compris la nécessité vitale du latin. Ni à Paris, ni à Rome : à Dakar. Le vrai chef de la francophonie est le président de la République du Sénégal, un des plus grands poètes et hommes d'État de ce temps : Léopold Sedar Senghor, avec qui j'eus l'honneur de préparer l'École normale supérieure, sur les bancs du lycée Louis-le-Grand, aux côtés de Georges Pompidou, de Thierry Maulnier, de Queffelec... Dans une interview accordée à Jean Prasteau (*Figaro* du 13 septembre 1975), Senghor dénombre les troupes de la francophonie, que nous laissons à la débandade : « Ces 231 millions d'hommes répartis sur les cinq continents, qui ont le français comme langue officielle ou de communication ». Il rappelle « leur attachement à une certaine manière de poser et de résoudre les problèmes, à une certaine éthique... à un certain humanisme ».

De l'humanisme aux humanités, il n'y a qu'une enjambée par-dessus l'Atlantique. Senghor stigmatise le « laxisme général, qui envahit tout – les institutions, les mœurs et plus généralement la pensée – les jeunes savent de moins en moins penser et s'exprimer d'une façon claire mais nuancée, parce que méthodique. Il nous faut combattre le laxisme ».

Un remède, selon Senghor :

« L'étude du latin et du grec s'impose plus que jamais à qui entend œuvrer à la régénération et à la croissance de la langue française... Presque tous les nouveaux mots scientifiques doivent quelque chose au latin ou au grec, souvent aux deux. Et je ne parle pas du style, où plus que jamais s'imposent à la pensée contemporaine la rigueur et la brièveté qui font l'élégance... »

Au lieu de marcher en tête de la francophonie, nous traînons en queue. La francophonie doit se faire malgré la France. Léthargie suicidaire de nos cinquante millions de taupes.

« Loin d'avoir suivi la France qui nous proposait l'abaissement du latin et du grec dans l'enseignement du second degré, nous les avons maintenus respectivement en sixième et en quatrième, dans les sections littéraires, au Sénégal », continue Senghor.

Le poète de la « négritude » fonde un nouvel humanisme sur le métissage culturel qui permit le « miracle égyptien », le « miracle grec », qui suscita les civilisations des Mayas, des Latins, des Sumériens.

Avant même d'entrer dans la francophonie, nous étions déjà, au « Sénégal, des métis de Nègres et de Maures, eux-mêmes métissés. »

Dans le creuset de la Méditerranée se fondront, peut-être un jour, les civilisations franco-afro-gréco-latines, où l'Afrique francophone régénérera le vieux sang mité de nos taupes.

* * *

Mais, mon cher Jacques, je te réservais à la fin, pour la bonne bouche, notre raison primordiale d'apprendre le latin, sa prééminence, son rôle irremplaçable entre toutes les langues. En dehors de la filiation du français et du latin, en dehors de notre cohabitation séculaire avec Rome, par-dessus la tête de Tite-Live, Virgile, Horace, Tacite... Cette raison, M. Pierre Grimal, directeur de l'Institut d'études latines en Sorbonne, l'a exposée mieux que quiconque à Patrice de Plunkett enquêtant brillamment sur l'égorgement du latin (*Figaro Magazine* du 16 février 1980). Permets-moi de te résumer ses arguments.

Tu as d'abord appris ta langue maternelle, le français. « Par répétition. Puis par choix de mots. Puis par lecture. » A aucun moment, tu n'as « pensé » cette langue. Elle représente pour toi la « réalité primaire ». Tu ne renvoies « en écho que des réactions de perroquet ».

Ensuite, quand tu as appris des langues modernes, « telles qu'on les enseigne maintenant », ton esprit s'est borné à « engranger de nouveaux groupes de réflexions conditionnés » ... « des gimmicks utilitaires (Did you check your ticket ?)... » Rien, dans tout cela, ne t'a aidé « à te libérer des liens primaires paralysants de la langue maternelle – aussi belle soit-elle ».

Pour dominer et développer l'activité de ton esprit, tu dois « pouvoir prendre tes distances » vis-à-vis de ta propre langue. Seul le latin te le permet. Non parce qu'il est proche du français, comme l'ont dit trop souvent ses défenseurs maladroits, au contraire « parce qu'il est différent dans sa structure, sa morphologie, son contenu idéologique ».

Le latin brise tes automatismes mentaux. En te « forçant à comparer les concepts en français et en latin, il t'oblige à découvrir la pensée en elle-même ». « Je pense, donc je suis (Descartes). » « Je pense grâce au latin, donc je suis », pourrais-tu dire. Le latin ne t'initie pas à la répétition qui, à tous les étages de notre tour de Babel, fait de toi une machine parmi les machines : machine à slogans, machine à vitesse, machine à bruit, machine à sous. Il ne prend pas la suite de la chaîne des gimmicks à laquelle on te rive, forçat des idéologies, de la production, de la consommation. Il te forme à la vraie pensée, autonome, critique, vigoureuse, créatrice, à l'infini, de nouveauté, de bonheur, balayant les miasmes des drogues et du ras-le-bol, fournissant à tous les âges, aux deux sexes, à toutes les classes les « motivations » tant cherchées. Et LIBRE, LIBRE, LIBRE, follement libre, raisonnablement libre, joyeusement libre, invinciblement libre, insolemment libre. Voilà pourquoi, Jacques, nos occupants étranglent le latin. Ils craignent que cette vieille langue, qu'ils prétendent « morte », ne rende à un peuple de taupes l'appétit de la liberté. A nous de desserrer leur carcan et de ranimer cette fausse morte, plus jeune que leurs litanies gâteuses, qui nous ouvre les vrais « lendemains qui chantent ».

Défense aux jeunes Français d'apprendre l'Histoire de France !

Jacques,

A ton âge, au collège, je me rendais au cours d'Histoire en chantant. Pourtant notre professeur n'était pas un aigle. Il nous criblait de « s'pas ? », « s'pas ? », au rythme d'une mitraillette. Mais, à travers ses « s'pas ? » que nous comptions, passaient Vercingétorix jetant ses armes aux pieds de César, Jeanne d'Arc sur son bûcher, Agnès Sorel, la dame de beauté, fascinant un roi pareil à une punaise, Louis XI et ses cages de fer, François Ier rutilant à côté d'Henri VIII d'Angleterre à l'entrevue du Camp du Drap d'or, Henri IV éventant sa poule au pot de son panache blanc, Richelieu se battant plus farouchement dans les quelques pieds carrés du cabinet de Louis XIII pour arracher l'approbation de Sa Majesté que sur les champs de bataille d'Europe, Mazarin, dieu des diplomates en forme de carpette, le Roi Soleil illuminant les bosquets de Versailles, Napoléon foulant un parterre de rois...

Aucun roman ne me passionnait plus que ce roman vrai de l'Histoire de France, qui me semblait être celui de ma famille, avec ses folies et ses gloires. Dans ses replis je me sentais au chaud, comme dans le grenier de ma maison natale d'Ossun, où, parmi les sacs de blé, je dénichais un chassepot de la guerre de 70 et une quenouille avec laquelle une de mes aïeules aurait pu filer pour payer la rançon de du Guesclin.

Les Trois Mousquetaires d'Alexandre Dumas et le manuel de Malet m'enflammaient. Les aventures de d'Artagnan me semblaient aussi authentiques que les chapitres de l'Histoire. Les rares images du Malet, en noir et blanc, m'incendiaient l'imagination plus que la fantasmagorie de couleurs des livres d'aujourd'hui, reproduisant les trésors du Louvre. Je me pavanais avec une fine baguette passée dans ma ceinture en guise d'épée. Pour un froncement de sourcils je me battais en duel, au mépris de l'Édit de Richelieu. Ivre d'Histoire, je rêvais de l'enseigner un jour. Avec l'agrégation adéquate, que j'ai failli préparer au lieu de celle des Lettres. Quand un inspecteur général passait au collège, le principal le menait mystérieusement dans son bureau pour lui faire savourer ma composition sur Turgot, devenue légendaire.

Aujourd'hui, Jacques, la plupart de tes camarades se traînent au cours d'Histoire « comme à l'abattoir ». Vercingétorix, Jeanne d'Arc, Henri IV, Louis XIV, Napoléon, auraient-ils déteint dans le fleuve du temps ? Se seraient-ils évanouis ?

Il se passe simplement ceci qu'on vient de nous révéler : le plus monstrueux scandale du siècle, aux conséquences incalculables. Nous assistons à la poursuite méthodique du génocide intellectuel, spirituel, moral ourdi contre notre peuple, du lavage de cerveau perpétré pour défranciser les jeunes, c'est-à-dire la France de demain, qui tombera, sans guerre, sans invasion, comme une poire mûre, dans les mains de l'occupant.

On a pu commettre ce forfait sans que le gouvernement de ce pays et les parents des victimes lèvent le petit doigt. Un peuple de châtrés assistait, muet, au massacre intellectuel de ses enfants. Pour le massacre des innocents ordonné par Hérode, des croix de sang désignaient les maisons du crime. En France, partout où vivaient des jeunes d'âge scolaire, des millions de maisons, dans nos villages, nos sous-préfectures, nos grandes villes, Paris, étaient marquées des croix invisibles de l'oubli.

Quand l'horreur a débordé, les taupes ont tout de même entrouvert un œil. Pas d'elles-mêmes, mais parce que quelques esprits libres les ont secouées. Alain Decaux a donné le signal : « On n'apprend plus l'Histoire à vos enfants ! » (*Le Figaro Magazine,* 20 octobre 1979). Courageusement, douloureusement, il a dénoncé le scandale qui le crucifiait dans son âme d'historien. Il a révélé au grand jour la méthode de nos bourreaux.

A coups de marteaux, ils ont brisé la continuité chronologique. Il fallait à tout prix rompre le flux vital qui, de génération en génération, formait la trame de la France. Il importait d'abord de détruire la sensation viscérale que, de Vercingétorix à Giscard d'Estaing, les Français formaient une même famille, que cette cohésion intime dominait les classes sociales, les intérêts particuliers, les différences économiques, philosophiques, politiques, religieuses, et les régimes, Monarchie, Empire, République.

Nos héros, nos génies, nos saints, nos rois, nos seigneurs, nos bourgeois, nos paysans, nos ouvriers, agrandissant pas à pas notre domaine, d'un champ, d'une haie, d'un chemin à un autre, jusqu'aux limites actuelles de montagnes, de fleuves, de mers de notre « pré carré », les irisations, les contrastes de couleurs, de sons, d'odeurs, qui confèrent à nos siècles leur allure française, tous ces trésors, nos tortionnaires les ont enfournés dans la moulinette du Père Ubu, grand mixer du néant.

Cette immense vie continue, chatoyante, diaprée, charriant le destin de la France, des forêts de la Gaule aux tours de la Défense, ils l'ont réduite en bouillie. Dans ce magma, ils ont piqué de la pointe de la fourchette ce qu'ils appellent pompeusement « les grands courants, les moments primordiaux, les idées essentielles ». Ce qui pourrait peut-être concerner quelques intellectuels blanchis sous le harnois, mais qui, pour des potaches de treize ans, pour toi, Jacques, quand tu les a eus, pour moi, si je les avais encore, représente le coup de barbe le plus irrémédiable, la plongée la plus incurable dans le roupillon et, pour employer le vert langage des jeunes, le *super em...*

Dégustez cet extrait des instructions aux professeurs de cinquième :

« Dans le même esprit et aux mêmes fins qu'en sixième, les professeurs procéderont à quelques coupes dans l'histoire générale, afin de suivre une évolution des origines à nos jours. »

« Quelques coupes » : la vie violente, succulente, gorgée d'amour, de sang, de joie, de larmes de la France, on la réduira à quelques lamelles abstraites placées sous un microscope.

En sixième, d'où on a expulsé *L'Iliade, L'Odyssée*, la naissance de Rome, la guerre des Gaules, il suffira de « fixer des niveaux d'objectifs compatibles avec les possibilités des élèves ». Toujours les rampements aux pieds des jeunes, dont on feint de faire les ordonnateurs suprêmes des programmes. En tenue d'infirmiers d'asiles psychiatriques, leurs mielleux tortionnaires les cajolent d'une main, et, de l'autre, leur lessivent les méninges.

En sixième et cinquième, les omnipotents inspecteurs généraux chargent le professeur d'Histoire de l'initiation économique, consistant en une « acquisition de concepts de façon spiralaire ». Ces pontifes de la spirale doivent se sentir bien indéracinables, dans un pays où le ridicule ne tue plus, pour oser employer le jargon de l'écolier limousin de Rabelais.

Une heure par semaine pour ingurgiter toute l'Histoire, du XVIe siècle à 1914 !... En terminale, l'Histoire, cette lépreuse, deviendra matière à option. Il faut n'avoir jamais été jeune pour croire que les jeunes d'aujourd'hui seront plus héroïques que ceux d'antan et qu'ils ne largueront pas une matière qu'ils ne sont pas obligés d'apprendre, le couteau sur la gorge.

Pour m'enfoncer dans le crâne cette ignominie, j'ai sous les yeux un manuel d'Histoire-Géographie (pour la classe de quatrième. Éditions Bordas, 2e trimestre 1979). « Rédigé par une équipe de professeurs de collège, de lycée et d'université : F. Beautier, J. Dupâquier, R. Froment, R. Haurez, J. Soletchnik, animée par Marc Vincent, agrégé d'Histoire, directeur d'études d'Histoire au centre CEG de l'École normale d'Auteuil. »

En tête de leur ouvrage, ces compresseurs du « nouveau programme » lancent un appel au peuple c'est-à-dire « aux élèves de la classe de quatrième ».

Voici votre nouveau manuel. Jusqu'en 1979, les élèves de quatrième disposaient de deux manuels au moins : l'un pour l'Histoire, l'autre pour la Géographie, et quelquefois même d'un troisième pour l'Instruction civique.

Avec la réforme, vous ne disposez plus, pour ces trois disciplines, que d'un ouvrage unique, acheté avec les crédits de l'État. Il faut donc en 250 pages traiter environ une matière qui en occupait auparavant plus de 500 : géographie de l'Europe et histoire de son évolution du XVIe au XIXe siècle, sans compter l'étude de la région où se trouve votre établissement.

Mesurez les difficultés de l'entreprise !...

Tu mesures, Jacques ?... Tes camarades de treize ans mesurent ?... Et remarque la délicatesse ! Ces messieurs signalent aux élèves de quatrième qu'ils ne doivent pas se plaindre si on leur comprime trois manuels en un et plus de 500 pages en 250. L'État leur offre ce bouquin. Il ne faut donc pas qu'il lui coûte les yeux de la tête. Façon charmante d'insinuer à ces potaches qu'ils ne sont en somme que des assistés. Les gosses de l'Assistance publique doivent prendre sans rechigner godasses trop petites, pantalons trop courts...

« Nous n'avons pas voulu vous offrir des connaissances fragmentaires »... jure, la main sur le cœur, le quintette des auteurs du manuel.

Méthode classique aujourd'hui, surtout en politique : on dit qu'on ne fait pas une chose tout en la faisant. « Surtout, ne croyez pas que je vous étrangle », dit l'assassin en vous serrant le kiki.

... « Vous avez droit, comme les générations précédentes, à une culture historique et géographique... »

Eh non, mes chers collègues, ces défrancisés n'y ont plus droit. Ils n'ont droit qu'à l'ablation de la mémoire et à l'esclavage. Vous le savez bien. Et si vous ne le savez pas, si vous êtes de bonne foi, c'est encore plus affreux. Comment pouvez-vous appeler « culture » votre brouet ?

D'ailleurs, vous levez vite le masque quand vous ajoutez, soudain tranchants (... « *doivent* » ... « *il faut*... ») :

« L'Histoire et la Géographie doivent s'étudier à partir de documents concrets, qu'il faut apprendre à critiquer, à comparer et à classer pour arriver à une connaissance vivante... »

« Les documents ! »... Une de vos nouvelles tartes à la crème !... Les « documents », on joue à les « critiquer », à les « comparer », à les « classer » quand on est professeur au Collège de France. Mais pas à treize ans ! Vous avez eu treize ans vous aussi ! Vous n'êtes pas nés en soufflant dans votre quintette d'instruments à vent pour concocter ce manuel. Du vent : tout ce qui reste de votre compendium.

A treize ans, en Histoire, ce n'est pas de documents qu'on a faim et soif mais d'histoires ardentes, brûlantes, drôles, déchirantes. Des histoires d'hommes et de femmes de chair et de sang, qui aimaient, haïssaient, se sacrifiaient, tiraient des plans sur la comète pour les réaliser sur terre, rêvaient du ciel et de l'enfer et chevauchaient vers le bonheur.

Maintenant, messieurs, examinons la bouillie à laquelle vous avez réduit notre Histoire ! Y compris la table des matières, votre salmigondis compte 225 pages. 99 pour la Géographie, 120 pour l'Histoire (de la page 90 à la page 209). De la page 211 à la page 255, vous nous régalez d'un « Dictionnaire des États », avec cartes et chiffres, à ravir une poignée d'économistes distingués, de la classe de M. Raymond Barre, mais pas de la classe de quatrième.

Exemple pour l'Allemagne fédérale :

Blé	7,2 Mt
Pommes de terre	11,3 Mt
Houille	84,6 Mt
Lignite	123 Mt
Aluminium	742 000 t
Automobiles de tourisme	3,8 M

De la page 226 à la page 253 : « La région », « Lexique des mots difficiles », avec, aux mots « bourgeoisie », « capitalisme », « socialisme », le gauchissement sournois, comme allant de soi, dans le sens que l'on devine. Alors que ce manuel a été « acheté avec les crédits de l'État », c'est-à-dire avec l'argent de tous les citoyens, y compris de ceux qui ne partagent pas les idées du quintette, dans un pays de petits bourgeois où ne subsistent, aux deux bouts, que quelques grands bourgeois et quelques prolétaires et où le vrai pouvoir n'est plus où on le croit.

Bref, pour l'Histoire de quatre siècles (XVIe, XVIIe, XVIIIe, XIXe) il ne reste plus ici que 120 pages. Dans lesquelles on doit défalquer, de la page 202 à la page 209, des vues sur l'Angleterre, la Russie au XIXe siècle, les États-Unis, le Japon. Donc, pour tout potage, la France doit se contenter de 113 pages, d'où on doit retrancher à tout moment des considérations sur l'Europe.

Dans ces misérables 113 pages, vous liquidez nos XVIe, XVIIe, XVIIIe siècles, trois cents ans, en 49 pages. Et 61 pages pour cent vingt-cinq ans, de la Révolution de 1789 à la guerre de 1914.

Pour mesurer la durée exacte de votre exposé, il faudrait retrancher encore. Dans votre proclamation « aux élèves de la classe de quatrième », vous glorifiez votre hachis : « C'est pourquoi [pour arriver à une connaissance vivante] nous avons décidé de consacrer environ les deux tiers de l'ouvrage aux documents, tout en conservant un texte suivi... »

Imaginez l'exécuteur des hautes œuvres découpant en rondelles un condamné : « Nous avons conservé une rondelle du buste, une rondelle de la cuisse gauche... Pas la droite, qui est réactionnaire... »

Examinons maintenant votre fameux « texte suivi ». « Suivi », comme une salve de hoquets, entrecoupés de stations devant des images. Les stations du chemin de croix de nos suppliciés de treize ans. Oh ! votre papier est satiné, comme la peau de Brigitte Bardot. A côté, celui de notre vieux manuel de Malet a l'air d'un papier de boucherie. Mais notre imagination suppléait, comme les spectateurs de Shakespeare se représentaient des multitudes devant une pancarte : « L'armée polonaise ».

La photographie a fait de tels progrès que les couleurs de votre illustration sont fidèles. Piètre fidélité de détail, contre votre infidélité d'ensemble ! Comme si une femme, cocufiant son mari à cuisses que veux-tu et lui mentant de l'aube au soir, se vantait de lui avoir dit la vérité un certain jeudi, à 17 heures, où elle était allée chez le coiffeur.

Vous exposez en vain, devant vos élèves, le portrait de Raphaël par lui-même, sainte Anne, la Vierge et l'Enfant par Vinci. Détachés de leur contexte, de leur atmosphère que seul restitue le déroulement chronologique de l'Histoire, ces chefs-d'œuvre font aussi bric à brac et marché aux puces que des lambeaux de tapisserie flottant au vent dans une maison éventrée par les bombes.

Vous invitez vos élèves à comparer, d'après deux photographies, la basilique Saint-Pierre de Rome (haute de 123 mètres) au Panthéon d'Hadrien, qui lui a servi de modèle. Mais comme vos victimes sont dépossédées de l'Antiquité, du latin et de la marche continue du temps qui mène de l'empereur romain Hadrien au pape Jules II, votre confrontation de « documents » foire. Vos « quatrième » se diront en bâillant : « C'est plus grand », comme ils mesureraient de l'œil une cahute à côté de la tour Montparnasse. Sans un poil de commentaire intérieur, de ces vibrations de la sensibilité qui enrichissent une vision et permettent de vivre en profondeur la différence de deux mondes.

En cheminant le long de votre ouvrage, le collègue que je suis s'est pris pour vous d'une affectueuse pitié. Vous auriez tort de la refuser car j'imagine, si vous êtes sincères, votre tristesse devant tant de travail perdu. Treize ans !... Treize ans !... Treize ans !... Le refrain qui me hante. Vous avez beau vous battre les flancs et tenter de vous justifier par toutes les raisons sociales, politiques, économiques, idéologiques, vous vous fracassez contre cette constatation : comme un aliment que l'estomac rejette, votre produit est impropre à la consommation. Non peut-être à celle de membres de l'Institut, mais à celle de lardons de treize ans. Or votre couverture porte, en rouge : « HISTOIRE-GÉOGRAPHIE, 4e ». Avec ce sous-titre, qui vous condamne : « De l'absolutisme à la démocratie ». Deux mots abstraits, à treize ans !... A l'âge où l'on est avide non de concret en miettes, comme vos « documents », mais de concret respirant la continuité, comme un arbre qui frémit dans le vent.

De page en page, vous hoquetez vos maigres chapitres. Vos coupes squelettiques. Vos comprimés d'abstraction : « La Renaissance », « Humanisme », « Réforme protestante et réforme catholique », « L'art baroque »...

Je cherche en long, en large, en travers. Rien sur François Ier, rien sur Henri III. Même Henri IV, le plus populaire de nos rois, n'a pas trouvé grâce devant vous, nouveaux Ravaillac. Rien sur Louis XIII. Neuf lignes sur Richelieu, sept et demie sur Mazarin. Rien sur Louis XIV, sur le développement de son règne, rien sur la féerie de Versailles, rien sur le rayonnement des Lettres et des Arts au Grand Siècle et sur la constellation des génies autour du Roi Soleil. Rien sur ce qui a nourri le prestige de la France dans le monde pendant des siècles. En revanche, des grognements sur l'envers du décor, des hargnes sur les ombres du règne, que je veux bien ne pas cacher, à condition de ne pas oublier la lumière.

Dans votre « texte suivi », vous exécutez Louis XV en deux lignes et demie. En marge, vous assenez à vos gamins les dates de son règne, en une volée de bois vert :

1715 Mort de Louis XIV.
1716 Début de l'expérience de Law.
1720 Faillite de la banque de Law.
1726-1743 Le cardinal Fleury, Premier ministre.
1745 Victoire de Fontenoy.
Madame de Pompadour favorite du roi.
1750 Émeutes à Paris.
1753 « Grandes remontrances ». Exil. Puis rappel du Parlement de Paris.
1756 Nouvelle agitation des Parlements.
1757 Louis XV renvoie les ministres réformateurs.
1766 Rattachement de la Lorraine à la France.
1767 Achat de la Corse.
1768 Madame du Barry, favorite.

1770 Conflit entre le roi et le Parlement.
1771-1774 Le Triumvirat. Suppression des Parlements.
1774 Avènement de Louis XVI.

Passionnant, succulent, délectable ! De quoi faire vibrer, flamber, susciter des vocations !...

Manifestement, pour vous, l'Histoire de France ne commence qu'à la Révolution. Là, dans la brièveté qui vous est toujours impartie, vous vous dilatez, vous vous épanouissez. Vous pardonnez même à Napoléon d'être un Attila, parce qu'il propagea les idées de 89. Les conflits sociaux du XIXe siècle naissent, indiscutablement, des inégalités et des injustices. Ce n'est pas moi, fils de mécanicien, qui le nierai. Mais avec quel entrain vous les entassez dans le plateau de la balance, en vous asseyant dessus pour faire bon poids et l'emporter triomphalement sur la poussière de trois pauvres petits siècles de monarchie à balayer de nos mémoires !

Mais vous êtes punis par où vous avez péché. Vos minables 113 pages d'Histoire de France, que vous avez pondues en vous mettant à cinq, sont 113 de trop. En voici la preuve, administrée par Lucien Crenne, dans sa remarquable enquête : « Vers la mort de l'Histoire ? Un problème d'ensemble » (*Le Figaro Magazine*, 24 novembre 1979). La copie d'un garçon de quinze ans, élève de troisième dans un établissement privé, d'excellente réputation, de la région parisienne. Un fils de bonne bourgeoisie, exempte des soucis des économiquement faibles.

HISTOIRE

Mardi 13 novembre 1979.

I. « Comment les Bourgeois ont-ils réussi la révolution sociale ? »

Les Bourgeois au Débat utilisaient une constitution après l'avoir eut en effusion. Ils se battaient pour le pain tandis que ces dames de la coure l'avait a volonté. Ils ont brulé 70 chateaux de Bourgogne Les femmes ont pris en leur possetion un canon sans boulet d'aucune utilister. Ils font faire fléchir le Roi. Ils bulent tous les droits seigneuriaux.

Les Bourgeois utilisent les ménagèrent pour révolutionner.

Le Roi accepta que les femmes lui fasse leur déclaration. Les députés s'installent dans la salle du manège. Les journées d'Octobre.

Incohérence. Chaos mental. Déblayons ces ruines pour ramper vers une traduction !

« Au Débat » : les débats de la Constituante. « En effusion » : en classe, ce minus occasionnel a saisi au vol les mots « sans effusion de sang », qu'il a transcrits « en effusion ».

Dans le salmigondis abstrait, déraciné de la continuité chronologique, que vomit votre moulinette, ce puceau tente désespérément de happer des miettes de concret : soixante châteaux de Bourgogne flambant avec les registres des droits seigneuriaux, un canon sans boulet, inutilisable, pris par les femmes, les ménagères dépoitraillées hurlant dans les émeutes. Dans sa fièvre de puberté, ce Chérubin en folie est hanté par les femmes. Il fait d'elles l'instrument majeur de la « révolution sociale » réussie par les bourgeois. Féminisée par ses soins, la Déclaration des droits de l'homme sort, à l'autre bout de son concasseur, sous la forme : « Le Roi accepta que les femmes lui fassent leur déclaration ».

« 0/20. Incompréhensible ! ! ! » note le professeur.

Parfaitement compréhensible, logique, fatal, au contraire. D'après la loi de cause à effet : qui sème la poussière, récolte le vent. Qu'il en fût autrement violerait l'ordre de la nature. A la place de ce sacrifié, à son âge, cinquante millions de taupes coifferaient comme lui le bonnet d'âne.

* * *

Le drame remonte plus haut que l'enseignement secondaire. Dans les classes élémentaires, l'Histoire s'est volatilisée dans le pudding des « activités d'éveil à dominante intellectuelle ». Or, dans les programmes, « éveil » rime avec sommeil. Incorporée à une pesante pâtée de biologie et d'initiations physico-technologiques, l'Histoire dépend du bon vouloir des enseignants. Et, le plus souvent, les chefs s'acharnant à l'éteindre, ce vouloir n'est pas bon.

Écoutons le glas d'Alain Decaux :

> « Le quart des instituteurs n'enseigne plus l'Histoire. La moitié presque pas. Plus grave : alors que 70 % des instituteurs de plus de quarante-cinq ans lui consacrent une leçon par semaine, 63 % de ceux de moins de vingt-cinq ans ne le font pas... dans une génération, l'Histoire aura totalement disparu de l'école primaire...
>
> « Certains inspecteurs iraient même jusqu'à sanctionner les instituteurs qui, ne pratiquant pas

> l'éveil, enseignent encore l'Histoire et la Géographie, affirmait, en juillet 1979, M. Jean Peyrot, président de l'Association des professeurs d'Histoire et de Géographie. »

Des lambeaux d'Histoire survivent parmi les activités d'« éveil », ou plutôt d'étouffement. Ces débris concernent la ville ou le village où habite l'enfant. Bravo, si cette étude locale complétait le chevauchement de l'esprit au rythme de l'histoire générale de la France ! Mais le bien se change en mal si l'élève ne voit pas plus loin que la crête du coq de son clocher ou que les tours de sa banlieue concentrationnaire. A l'époque des fusées, des jets, des satellites, de la Télévision, on rencoigne nos enfants dans un particularisme plus encroûté qu'au Moyen Age, où, au-delà des lopins, régnait l'universalité de Dieu.

* * *

Comme au jour d'une déclaration de guerre, au cri d'alarme d'Alain Decaux ont répondu d'autres tocsins. En 1979, quatre députés interpellèrent le gouvernement sur l'assassinat de l'Histoire. M. Michel Debré demanda, avec sa ferveur habituelle, l'ouverture d'un grand débat. Une « affaire » qui devrait passionner le Parlement plus que ses bains de boue.

Les Anglais ont brûlé Jeanne d'Arc à Rouen. Les assassins de l'Histoire tuent Jeanne dans le ventre de sa mère. Plus de Jeanne d'Arc ! Nos enfants ne doivent pas entendre « ses voix ». Ils ne doivent ouïr que celles des idéologies d'esclaves.

Pour un vrai Parlement que d'occasions de claquements de pupitres, de commissions d'enquêtes, de citations devant la Haute Cour ! Avec Jeanne d'Arc disparaît notre plus illustre héroïne. Attentat contre notre Patrimoine auquel l'État prétend vouer l'année 1980. Attentat contre un de ces jeunes dont nous faisons nos rois. Quel exemple pour eux que cette fille qui accomplit ses exploits entre dix-sept et dix-huit ans et qui périt à dix-neuf ! « Elle n'a dansé qu'un seul été », disait d'une jeune amoureuse un film suédois, et dirions-nous plus noblement pour la danse d'héroïsme et de mort de Jeanne.

Condamner Jeanne au néant : le plus indigne viol de la femme dont nos princes clament la promotion. Pourquoi nommer des femmes ministres si on arrache à l'Histoire une des inspiratrices majeures de notre conscience nationale qui, à dix-sept ans, aurait fait le plus prestigieux ministre de la Condition féminine et de la Défense ? Pas seulement de la Défense à coups de crédits, mais de la Défense fondée sur l'enthousiasme et le don de soi, forces principales des armées.

Supprimer Jeanne, c'est parachever le travail de démolition de Dieu et de déchristianisation de la France. C'est tarir les sources chrétiennes de notre identité. C'est jeter à la poubelle les chefs-d'œuvre nationaux et internationaux que Jeanne a suscités et qui ont propagé notre gloire : la tragédie de l'Allemand Schiller : *La Pucelle d'Orléans* ; la trilogie dramatique de Péguy ; la *Sainte Jeanne* de l'Irlandais Bernard Shaw, *La Passion de Jeanne d'Arc*, film du Danois Dreyer, *Jeanne au bûcher* de Claudel et du Suisse Honegger, *L'Alouette* d'Anouilh...

Le Parlement devrait enquêter aussi sur la disparition de Saint Louis de nos manuels. Désastre plus irréparable que l'assassinat du prince de Broglie.

« Saint Louis est plus actuel que Napoléon », déclara M. Michelet, ministre des Affaires culturelles, en 1970, pour le sept-centième anniversaire de sa mort. Saint Louis, un des souverains qui eut le plus d'avenir dans l'esprit. Ancêtre de la Société des nations et de l'ONU, tentant de régler les conflits par la négociation plutôt que par la guerre. Précurseur de notre système hospitalier, de la Sécurité sociale et de l'aide aux économiquement faibles. Bâtisseur de la plupart de nos grandes cathédrales, qui venaient de brûler et qui semblaient l'attendre pour devoir leur résurrection à l'ange aux yeux de colombe. Enfin, au moment où les Français enragent contre leur Administration et leur Justice, quel plus radieux modèle pour notre démocratie que ce roi qui rêvait d'une Administration aussi transparente que les verrières de la Sainte-Chapelle et qui, sous le chêne de Vincennes, rendait une justice à faire verdir d'envie nos jeunes gauchistes et M. le Garde des Sceaux ?

« A justice tenir et à droit rendre, sois loyal et raide à tes sujets, sans tourner à dextre ni à senestre, mais tout au droit, et soutiens la plainte du pauvre jusques à tant que la vérité soit éclaircie. » (Testament pour son fils Philippe.)

* * *

Le mouvement est lancé. Les media emboîtent le pas. Un débat de spécialistes, confiné entre les murs de la classe, débouche sur la place publique. De toutes parts, pour secouer notre léthargie, on nous claironne aux oreilles que l'étranglement de l'Histoire intéresse toute la nation. Chacune des cinquante millions de taupes doit sentir sur son cou les mains des étrangleurs.

En janvier 1980, la revue *Permanences* consacre une

enquête à Clio bâillonnée. Les jeunes ignorent qui est Clio. Les vieilles taupes leur expliquent que c'était la Muse de l'Histoire, au temps où l'on croyait aux Muses et où l'on enseignait l'Histoire.

Dans *L'Express* du 14 au 21 mars 1980, Evelyne Fallot parle des « inspecteurs généraux contestés ». Elle analyse le pouvoir « des 129 pères Joseph de l'Éducation ». Ils notent les professeurs, terrifiés. Dans mon *Naïf aux quarante enfants,* j'ai revécu cette terreur. Les Gaulois ne craignaient qu'une chose : que le ciel ne leur tombât sur la tête. A Guéret, Apt, Carpentras, les professeurs n'ont qu'une crainte : qu'en classe, au milieu de la déclaration d'amour de Phèdre à Hippolyte ou d'un problème sur les robinets, un inspecteur général ne leur tombe sur le dos.

« Les inspecteurs généraux titularisent sur inspection les maîtres auxiliaires. Ils font partie des jurys des concours d'agrégation et de CAPES, et souvent les président. Surtout ils mettent en forme les programmes des diverses disciplines à partir, il est vrai, des directives du ministre. »

Mais les inspecteurs généraux ne jurent pas, comme les jésuites, d'obéir à leurs supérieurs *perinde ac cadaver* (comme un cadavre). On prétend même que le ministre serait plutôt, entre leurs mains, ce « cadavre ». Dans les détours du sérail, nous butons sur d'autres cadavres : ceux des programmes d'antan étranglés par ces muets. Muets envers le monde, non entre eux. « L'essentiel, pour continuer à exercer cette " magistrature spirituelle " à laquelle, tous, ils tiennent tant, c'est de tenir à distance de l'Olympe les syndicats, les journalistes, voire le ministre. »

« Non que l'inspection soit d'une homogénéité parfaite, estime Evelyne Fallot. Politiquement, elle compte des radicaux et quelques socialistes (non inscrits). On chuchote même qu'elle a un sympathisant communiste dans ses rangs. » Notons pourtant que ces trois tendances font pencher le bateau du même côté : à bâbord. Bateau qui penche, bateau qui coule.

L'Ulysse de la navigation pédagogique, le ministre Christian Beullac, a tenté de redresser la barre. En souplesse, il pria ses « pères Joseph » de se réformer. En neuf mois et huit « moutures », les deux sages de ce corps énigmatique, Louis Faucon et Lucien Géminard, accouchèrent d'un rêve : « Les 129 pères Joseph » ... coopèrent avec les directions compétentes. Ils sont « ouverts aux évolutions du monde contemporain ». Entre les disciplines, séparées par des lignes Maginot, ils feront circuler « un large échange d'informations et une collaboration », « y compris pour le recrutement des futurs inspecteurs ».

En fait, des nuées bleues de cette idylle n'émergent que deux réalités, les deux victoires microscopiques de l'Ulysse de la rue de Grenelle. 1° les « pères Joseph » s'appelleront désormais *inspecteurs généraux de l'Éducation nationale* et non plus de *l'Éducation*, ce qui les poussera peut-être à défendre l'avenir intellectuel de TOUTE la nation : tribord et bâbord. 2° L'inspection ne compte plus, comme auparavant, un « représentant permanent » auprès du ministre, mais — nuance ! — un doyen désigné par lui pour cinq ans... Maigre tableau de chasse ! On ne peut pas être à la fois Ulysse et Nemrod.

* * *

Le 4 mars 1980, au Pavillon Gabriel, à Paris, la revue *Historia,* éditée par Maurice Dumoncel, dirigée par Christian Melchior-Bonnet, pour fêter son quatre centième numéro, organisa un débat sur le thème « Les Français et l'enseignement de l'Histoire ». Immense triomphe. Une salle bourrée à craquer. Toutes les places assises prises d'assaut. Plus de deux cents personnes debout, occupant le moindre interstice libre et bloquant les portes. La Télévision, toutes les radios, tous les grands journaux captant cette atmosphère d'appel à la liberté. Académiciens, ambassadeurs, anciens ministres, éditeurs, professeurs, princes, ducs, duchesses...

Alain Decaux anime le débat. Il rappelle pourquoi il a lancé deux articles retentissants. Il avait lu le texte d'une question écrite de Michel Debré au ministre de l'Éducation. « Cette question étant restée sans réponse, Michel Debré en a posé une seconde, puis une troisième, et je le connais assez pour savoir qu'il en posera éternellement s'il le faut. »

Alain Decaux cite les résultats d'un sondage réalisé par la SOFRES, pour *Historia*, « sur le rôle joué par l'enseignement de l'Histoire » :

> 62 % des interviewés le reconnaissent très important ou assez important.
>
> 64 % souhaitent que l'Histoire fasse l'objet de cours spécifiques.
>
> 77 % souhaitent que cette matière soit obli gatoire au lycée et 54 % pensent qu'elle doit être obligatoire au baccalauréat.
>
> 70 % considèrent cet enseignement comme nécessaire parce que « les événements actuels sont la conséquence directe des événements passés ».

« Les réformes successives de cet enseignement ont échoué, conclut Alain Decaux, mais on peut toujours tirer des leçons positives d'un échec... De votre Waterloo, faites un Austerlitz ! »

Michel Debré rappelle qu'on n'apprenait plus l'Histoire à l'école primaire : « Ensuite, dans le secondaire, on assiste à une double hésitation. Le refus de chronologie, et une sorte de goût qui, au milieu des idées générales et des mouvements des faits, essaie de jeter, par la force des choses, un brouillard dans l'esprit des enfants sur ce que représente la suite des siècles. On assiste également au refus de privilégier l'Histoire de France. »

Quatre causes de cette désaffection :

1° Après 1968, « rien de ce qui avait existé ne méritait d'être gardé ». « Lavisse, Malet et Isaac condamnés sans appel ... Au lieu de faire une modification, on a fait une révolution. »

2° Une mauvaise interprétation de l'apport de l'école historique française. « Elle s'efforce de renouveler la conception des études historiques. Mais si l'Histoire mondiale, l'analyse de l'évolution des sociétés sur une longue durée sont accessibles aux jeunes en fin d'études, elles ne sont pas à la portée des enfants. »

3° Introduction de nouvelles matières dans les programmes. Trop de matières, moins de temps pour chaque discipline et notamment pour l'Histoire de France. « Il faut ouvrir les yeux sur la vie, donner un sentiment d'ordre général de l'évolution du monde », ordonnent les circulaires officielles. D'où « l'oubli de l'essentiel et des bases à acquérir à chaque étape des études ».

4° Une mode néfaste : « la nation aux oubliettes ».

« Pourtant, affirme avec force Michel Debré, l'Histoire de France est un élément irremplaçable de la culture. Bonaparte, Premier consul, disait : " De Clovis au Comité de salut public, j'assume tout. " Encore faut-il enseigner qui est Clovis et qu'est-ce que le Comité de salut public.

« Cette désaffection est une erreur au point de vue social :

« – La nation est une entité exceptionnelle qui implique une solidarité entre tous les citoyens au-delà de la pluralité des appartenances diverses (régionales, confessionnelles), cette solidarité sans laquelle la liberté ne peut être affirmée et qui est une des conditions du fonctionnement de la démocratie. »

« C'est également une erreur sur le plan politique. L'Histoire forme les futurs citoyens.

« – C'est en sachant le passé que l'on fait le mieux comprendre la place de la nation dans les efforts de coopération internationale de demain. »

Michel Debré, l'un des pères de la Constitution de 1958, soulève un lièvre constitutionnel de la taille d'un éléphant. Savourons son argumentation de légiste et de législateur :

> « L'article 34 de la Constitution française qui couvre aussi bien les collectivités locales que le droit du travail, de la propriété et l'enseignement dans son ensemble, a été interprété comme si le Parlement était compétent pour l'organisation générale de l'enseignement. Ce n'est pas vrai. Il est compétent pour le principe fondamental de l'enseignement. [...] Or supprimer en fait l'enseignement de l'Histoire ou l'enseignement de l'Histoire nationale, c'est un principe fondamental. Si demain parents et professeurs saisissaient

le Conseil d'État, celui-ci s'apercevrait peut-être que les arrêtés ou les décrets qui ont altéré sinon supprimé certaines orientations essentielles de notre enseignement, par exemple l'Histoire de France, mais aussi d'autres matières, sont contraires à l'esprit de notre Constitution. »

(Huit jours après le débat d'*Historia*, Michel Debré a repris cet argument dans une question écrite au Premier ministre pour « qu'il saisisse le Parlement d'une loi portant sur les principes fondamentaux de notre enseignement. »)

Courage, monsieur Michel Debré ! Obstinez-vous ! Entêtez-vous ! Dans les travées du Parlement, traquez jusqu'au bout ce lièvre constitutionnel et rapportez-le-nous dans votre gibecière ! En chassant de notre jardin les ennemis de la liberté. A l'inverse de la fable *Le Jardinier et son Seigneur,* ce sont eux, nos nouveaux seigneurs, qui avaient ravagé nos plates-bandes, bu notre vin, caressé notre fille, en lui imposant leur droit de cuissage.

Vigoureusement, Pierre Goubert, professeur à la Sorbonne, souligne que 10 à 20 % seulement des personnes interviewées par la SOFRES pour *Historia* soutenaient les différentes « réformes » de l'enseignement de l'Histoire perpétrées depuis dix, douze ou quinze ans. « Le plus beau des plébiscites à l'envers. » Il dénonce cette « offensive d'obscurantisme méchant qui se dissimule sous le charabia imité des sociologues et pédagogues américains, démodés depuis quinze ans ». Il déchaîne les rires en citant le pathos des instructions officielles aux enseignants : « que leur connaissance émerge des travaux effectivement conduits en classe, en particulier des plongées ponctuelles ».

Il conclut, acclamé : « Il faut en revenir tout simplement à l'histoire des grands faits et des grands hommes qui ont fait la France [...]. Il faut surtout [...] faire passer l'air pur dans les couloirs des instituts pédagogiques, des ministères et renvoyer les pédagogues à l'enseignement. »

Pour Jean Tulard, directeur d'études à l'École pratique des hautes études, si une histoire « thématique » et « sociale » a son importance au niveau du troisième cycle, de la pédagogie, de la recherche, elle est discutable à l'école primaire et dans le second cycle. « Il est absolument aberrant d'apprendre à l'école primaire : " Les serfs étaient vendus avec la terre au XIIIe siècle " si on ne leur a pas d'abord inculqué la notion de serf et du XIIIe siècle. »

Max Gallo, agrégé d'Histoire, journaliste, romancier, historien, reconnaît « la nécessité d'une trame chronologique mais également géographique pour faire comprendre à l'élève le déroulement des " événements " ». Il craint que, sous prétexte de redonner une cohérence à l'enseignement de l'Histoire de France, on revienne en arrière, on oublie le monde, l'évolution des idées et des choses. « L'Histoire doit apprendre le sens relatif, être une école de lutte contre le fanatisme. »

(C'est précisément un fanatisme qui a étranglé l'Histoire. On ne veut pas le remplacer par un fanatisme inverse. On souhaite simplement rétablir l'équilibre du bateau.)

Jean Peyrot, président de l'Association des professeurs d'Histoire et de Géographie de l'enseignement public, rappelle qu'il a longtemps combattu les réformes criminelles dans le désert.

Pierre Chevènement, député de Belfort, tente de politiser le débat à bâbord. Selon lui, ce sont les idées dominantes, « l'européisme, le mondialisme, l'économisme, qui influencent les programmes. Dans ce contexte, une place privilégiée est donnée aux enseignements rentables. Or l'Histoire ne l'est pas, à court terme ».

« Ce sont les tendances du capitalisme multinational qui mènent la France dans cette direction (priorité aux langues vivantes et aux problèmes mondiaux) [...] l'idée de privilégier l'histoire ne correspond plus aux objectifs des classes dirigeantes. »

Il oublie simplement que les « classes dirigeantes » ne dirigent plus. D'après lui, Superman a terrassé Bayard. L'asphyxie de l'Histoire, « n'est-ce pas une étape de plus dans la marche vers une certaine américanisation de la société française » ?

(Pour l'immense majorité du public, le danger vient d'ailleurs. Ses réactions le montrent.)

Emmanuel Leroy-Ladurie, professeur au Collège de France, précise « qu'à chaque âge doit s'adapter une vision de l'Histoire ». Il dénonce l'enseignement d'une histoire thématique abstraite, sans enchaînement, sans lien explicable des événements entre eux.

« L'histoire structurale doit être abordée plus tard. Faire saisir la structure au travers de l'événement est le B-A-BA de la pédagogie. Bref, il faut connaître à la fois les grands hommes et les phénomènes sociaux. Les élèves sont parfaitement préparés à entendre parler de Louis XIV *et* de la misère paysanne. Pas l'un *ou* l'autre, c'est une opposition artificielle. »

Et ceci, qui devrait être le bréviaire de nos programmateurs :

« Chez les jeunes, la mythologie grecque et romaine répond à une sensibilité païenne et polythéiste, correspondant à ce qu'on appelle un éveil de l'enfant. Ce qui ne veut pas dire qu'il deviendra à trente ans un militariste ou un fasciste. Il y a une phase d'identification à respecter. Mieux vaut faire de l'histoire-bataille à douze ans et de l'histoire structurelle à dix-huit ou dix-neuf ans...

« Certes le chauvinisme est condamnable, mais l'identification à une nation est indispensable. Il est préférable qu'elle se fasse à travers l'Histoire plutôt que, par exemple, à travers les équipes de football...

« A partir de la culture française, l'enfant pourra être orienté vers celles des autres pays, à commencer par l'Europe. »

Des personnages comme Charlemagne, Charles Quint, Aristide Briand ... qui ont incarné, à leur manière, une coopération avec d'autres pays, pourraient être valablement étudiés sous cet angle... »

Hélène Carrère d'Encausse, professeur à l'Institut d'études politiques et auteur de *l'Empire éclaté,* évoque les falsifications de l'histoire de la Russie en URSS : « De Lénine aux dirigeants actuels, tous ont toujours considéré que la discipline historique était nécessaire pour façonner la conscience collective et la conscience individuelle à travers la vision du passé. L'État soviétique a commencé par effacer l'" histoire-événement " au profit d'une histoire des luttes sociales entre des classes possédantes et des classes opprimées... »

(Exactement ce qu'ont fait, en France, nos vénérés programmateurs. Étrange coïncidence !)

« Mais, vers 1930, on s'aperçut que ce système avait entraîné la disparition des connaissances élémentaires et, par contrecoup, une tendance à la disparition du sentiment patriotique qui découlait de l'effacement de tout ce qui pouvait rattacher les hommes à un passé collectif... »

(Le but visé par nos mystérieux programmateurs.)

« Alors fut reconstitué un enseignement plus événementiel de l'histoire nationale... »

(Ce que nous allons tâcher de réussir en passant par-dessus la tête de nos benoîts programmateurs.)

« ... qui a conduit à une conscience collective hypernationaliste et fermée au monde extérieur. Voilà le danger des excès et des interprétations trop exclusives... »

(Excès que nous éviterons, chère madame Carrère d'Encausse, car la France, dans son être profond, est géographiquement, biologiquement, psychologiquement, le pays de la mesure. Comparez sur une carte le jardin de la France, clos de haies charmantes, sous un ciel nuancé, et la gigantesque, démesurée, colossale immensité de l'URSS sous ses neiges et ses glaces et vous en conclurez aisément que les citoyens de ces deux pays ne doivent pas avoir la même mentalité. Et qu'il nous est plus facile à nous, Français, d'éviter les *excès*, à condition de ne pas trop nous acharner à faire les imbéciles, pour ne pas employer un mot plus bref, dont tu ne te prives pas, mon cher Jacques.)

On attendait avec curiosité l'intervention de Fernand Braudel, professeur honoraire au Collège de France, auteur de *Civilisation matérielle, économie et capitalisme, XVe-XVIIIe siècle,* grand maître de cette école historique moderne dont nos néfastes programmateurs ont si épouvantablement interprété les leçons.

Loyalement Fernand Braudel déclare : « Si la France joue un rôle exceptionnel aujourd'hui dans l'Histoire et dans les sciences de l'homme, c'est que les chercheurs ont derrière eux une sorte d'équilibre et d'humanisme dont les futurs chercheurs risquent d'être démunis. Sans humanisme, sans culture générale, les sciences humaines risquent de basculer. »

Exemple navrant de ce mouvement de bascule : « A l'École normale supérieure, section Lettres, on a supprimé le grec obligatoire, on a supprimé le latin, si bien que l'on se présentera bientôt avec une épreuve de mathématique ! » ... « Il y a là une invasion abusive par la mathématique de tout l'enseignement secondaire. Elle terrorise les enfants. »

Fernand Braudel déplore le mauvais usage que l'on a fait de sa fille : l'Histoire nouvelle.

« Je ne comprends pas que l'on essaie d'expliquer des programmes extrêmement difficiles, abstraits, à des enfants qui entrent en sixième et dont la mémoire n'est pas suffisamment peuplée. [...] Au lieu d'enseigner l'Histoire nouvelle, qui est une histoire difficile, dans les classes terminales, où elle pourrait produire son effet... on l'enseigne dans le premier cycle. Il convient, en réalité, d'enseigner l'histoire traditionnelle et la chronologie jusqu'à la classe de troisième, en mélangeant histoire et géographie... »

Le professeur Robert Mandron, spécialiste du XVIIe siècle, diagnostique une des causes essentielles de la désaffection des candidats à l'agrégation d'Histoire : « A Nanterre, il n'y a plus de candidats à l'agrégation d'Histoire. Ils ont renoncé parce qu'il y a dix ans il y avait plus de 200 reçus. Ils ne sont plus que 48 aujourd'hui... »

Lucien Genet, doyen de l'Inspection générale d'Histoire et de Géographie, se dresse pour défendre la réforme Haby. Sans le vouloir, il justifie toutes les accusations lancées contre les inspecteurs généraux. S'offrant en holocauste aux huées, il s'écrie : « D'abord, ce n'est pas M. Haby qui a élaboré les programmes. C'est nous, l'Inspection générale. »

Sans remords, il persiste et signe. Il soutient, mordicus, que l'esprit de la réforme était de « former l'homme du xxe siècle, en faire un futur citoyen capable de comprendre le monde dans lequel il vivra... ».

(On n'a formé un homme ni du xxe siècle ni d'ailleurs, mais une amibe flottant hors du temps. On n'a pas fait « un futur citoyen capable de comprendre le monde dans lequel il vivra », mais un orphelin apatride, au cerveau lessivé, incapable de comprendre le pays dans lequel il est né.)

Contre l'ouragan d'anathèmes qui s'abat sur la disparition de la chronologie, M. l'inspecteur général Genet présente cette pauvre excuse : « Pour ce qui est de la chronologie, il y a en principe dans les manuels une frise chronologique » qui permet de situer les événements dans un « fil conducteur ».

Cette indigeste « frise » qui soulève l'estomac de tout adulte normalement constitué, à plus forte raison d'un enfant de onze, douze, treize ans !... Ce « fil » non « conducteur » mais destructeur que l'on a enroulé autour du cou de l'Histoire pour l'étrangler.

Michèle Collet, agrégée d'Histoire, professeur de la sixième à la troisième au CES de Livry-Gargan, pousse la plainte de la « base » opprimée :

« Le niveau général des enseignants est particulièrement bas. Beaucoup plus de la moitié sont d'anciens instituteurs, d'autres viennent de l'École normale. Après deux ans d'études générales, ils sont promus, sans diplômes, professeurs de français, d'histoire, de géographie. [...] Il n'y a que deux agrégés au CES de Livry-Gargan. Les autres ont soit un bac, soit un " DEUG " de français ou d'anglais, et, avec cela, enseignent l'histoire et la géographie...

« Avec la création du collège unique, 30 % des élèves de sixième ne maîtrisent pas l'écriture et la lecture. C'est l'indice d'une grande carence au niveau du primaire...

« Les inspecteurs demandent de ne plus faire d'écrit... de commenter des images, de faire voir des documents. Tout ce qui est écrit, tout ce qui est réflexion doit être banni... »

(D'où notre méfiance à l'égard de l'audiovisuel que l'on veut introduire en classe. On l'empêcherait de nuire si l'on compensait ses vices par le lest de l'écrit, de la réflexion. Au contraire, on se prosterne démagogiquement devant l'image. On fabrique des gobeurs automatiques d'images.)

Michèle Collet s'arc-boute contre le flot dévastateur de sons et d'images. « Je peux le faire parce que je suis agrégée et que je dispose à ce titre d'une certaine initiative. Mais des maîtres auxiliaires ne le peuvent pas. Et ces maîtres auxiliaires eux-mêmes, qui ont parfois une maîtrise d'Histoire, c'est-à-dire quatre ans d'études supérieures, sont renvoyés de l'Éducation nationale, alors que l'on intègre des instituteurs. »

Jean-Marie Le Pen, président du Front national, rejoint, sur certains points, Jean-Pierre Chevènement. Pour lui... « la décadence de l'Histoire est liée à la Seconde Guerre mondiale. Un certain nombre de philosophes et d'hommes politiques ont pensé qu'il y avait une liaison entre l'enseignement de l'Histoire, le nationalisme et le chauvinisme, père des guerres. Ainsi la bourgeoisie française mondialiste s'est conjuguée avec l'internationalisme marxiste pour assassiner l'Histoire nationale, l'enseignement de l'amour de la patrie, ce lien qui peut rassembler les citoyens.

« Le problème est essentiellement politique. Il dépend des hommes politiques. »

Faisant allusion à son passage au ministère de l'Éducation, Edgar Faure, ancien président du Conseil, affirme : « Je n'ai jamais fait la moindre chose qui ait diminué ou converti l'enseignement de l'Histoire. » Il analyse brillamment, en trois points, comme il se doit, les objectifs que doit viser l'enseignement de l'Histoire : apprendre la critique des sources, fournir des informations sur le passé, former la personnalité de l'individu... « A un moment où tous les peuples, que ce soit en Iran, au Québec ou au Moyen-Orient, cherchent à étayer leur identité... pourquoi les Français auraient-ils honte de leur histoire ? Ce rapport entre le passé et le présent, la tradition et le futur a été exprimé par le philosophe Jean Lacroix : " La vérité du souvenir, c'est la promesse. " »

(*La promesse :* dans la bouche d'un homme politique ce mot ne prend-il pas la saveur mythique des fruits de Canaan ?...)

* * *

Écouter est un art que M. Christian Beullac possède sur le bout du doigt. Pendant trois heures, rêveur, serein, attendri, pacifié, le regard dans l'azur ou tourné vers les vérités éternelles, la main en éventail sur la bouche, ou prenant des notes, le ministre de l'Éducation écouta sans broncher tomber la pluie. L'œil et la voix de velours, il répond d'abord par des chiffres.

« En dix ans, le nombre de professeurs d'Histoire est passé de 20 000 à 34 000. Le flux démographique, l'école obligatoire jusqu'à seize ans ont multiplié par 3,5 les effectifs des collèges. Le problème de recrutement des professeurs, commun à tout l'enseignement, ainsi que la diminution du temps de travail des enseignants, comme celui des autres Français, ont dû être résolus en multipliant par 1,5 le nombre des enseignants. »

Mais actuellement reflux démographique : un million d'enfants en moins dans les écoles en 1990. Pour parler gros sous, le budget de l'Éducation s'élève à 90 milliards de francs. (Une somme qui ne se trouve pas sous le pas d'un cheval.)

Ensuite des politesses, distribuées à la ronde. Politesses aux historiens : « Je ne me fais pas l'arbitre entre anciens et nouveaux historiens. » Politesses aux programmateurs du néant. M. Christian Beullac trouve excessif d'accuser la réforme de noyer les enfants « dans une histoire éclatée faite de séquences sans enchaînement ». Certes, « il y a une organisation thématique de l'enseignement de l'Histoire dans le secondaire, mais la chronologie des faits n'est pas abandonnée... ».

(Mais si, monsieur le Ministre, elle est abandonnée dans une histoire en miettes. Descendez de l'estrade d'*Historia* où vous siégez avec cet éclatant aréopage ! Redevenez le petit Christian de onze, douze, treize ans. Ouvrez les nouveaux manuels d'Histoire ! Vous tomberez de sommeil, englué dans « la frise chronologique » à laquelle aujourd'hui vous vous accrochez, en prétendant que « les dates importantes y sont portées tout au long des programmes. Ainsi se dessine la continuité »...

Elle s'y « dessine » comme le corps se « dessine » dans le squelette. A ces enfants avides de vie, de couleurs, d'élans, d'aventures, de galops, de héros, de passions, au petit Christian que vous fûtes on offre des planches d'anatomie : tibias et têtes de morts.

Enfin les promesses. Nous ouvrons des oreilles

vastes comme des entonnoirs pour capter la moindre goutte de promesse.

Première promesse : M. Christian Beullac reconnaît que dans le primaire, la notion d'Histoire « activité d'éveil » conduit au sommeil. Il ne le dit pas ainsi, mais il promet un « rééquilibrage ». « Il ne faut évidemment pas interdire aux enfants de rêver et de s'identifier, par exemple, à Vercingétorix devant César. » (C'est précisément ce qu'on leur interdit, monsieur le Ministre.)

Seconde promesse : « Une réforme du cours moyen est à l'étude, à laquelle participent des enseignants du secondaire, ceci afin d'établir la continuité. »

Troisième promesse : « L'enseignement de l'Histoire et de la Géographie en seconde, première et terminale ne subira aucune diminution d'horaires et il n'est pas question qu'il devienne facultatif. »

(Frémissement d'allégresse dans l'auditoire. Pourtant, on se borne à maintenir le statu quo. « Aucune diminution d'horaires » : dans notre malheur, nous saluons cela comme une victoire. Nous nous contentons de si peu ! C'est une augmentation d'horaires qu'il faudrait.)

Quatrième promesse : « A partir de 1981, les élèves de seconde, candidats au baccalauréat de technicien, verront doubler le nombre d'heures consacrées à l'Histoire et à la Géographie. »

(Pleurs de joie dans l'assistance. Mais cette mesure de grâce ne touche que 60 000 élèves.)

« Quant aux nouveaux programmes de seconde, ils sont entrés dans la phase de concertation en liaison étroite avec les spécialistes et tous les partenaires intéressés. »

Espérons que cette *concertation* portera conseil

comme la nuit étoilée aux hommes de bonne volonté !

En quittant ce débat où tant de grands esprits ont tenté de pratiquer le bouche-à-bouche sur le cadavre de l'Histoire, j'entendais résonner dans ma tête, comme un remords pour nous tous, les adultes, gouvernants et gouvernés, parents, éducateurs, doctrinaires ou hommes de la rue, qui avons laissé commettre ce crime, j'entendais, comme un leitmotiv lancinant, l'enregistrement d'un dialogue entre un enquêteur d'Europe N° 1 et des élèves de quatrième d'un CES, âgés de douze à quinze ans, qu'on nous avait diffusé :

– Savez-vous qui était Jeanne d'Arc ?

– Oui, c'était une femme qui... qui... j'sais pas.

– Vous pouvez citer une victoire de Napoléon ?

– Oui, Waterloo.

– Louis XVI, c'était avant ou après Henri IV ?

– Après.

– Longtemps après ?

– Oh ! oui ! Trente, quarante ans...

– Et la guerre d'Algérie, vous en avez entendu parler ?

– Non.

– Enfin, c'était contre qui ?

– Euh !... c'était l'Algérie contre... Aucune idée.

– 1515, c'est quoi pour vous ?

– Ben, le XVe siècle.

* * *

Les 10, 11, 12 avril 1980, *France-Soir* consacre toute son immense page deux à un débat sur l'Histoire.

Autour de l'animateur, Claude Vincent, huit personnalités : Jean-Louis Beaumont, professeur à la Faculté de médecine, député du Val-de-Marne, maire de Saint-Maur-les-Fossés, Juliette Benzoni, romancière, André Bergeron,secrétaire général de FO, Marcel Bleustein-Blanchet, président de Publicis, Maurice Couve de Murville, député et conseiller de Paris, ancien Premier ministre, Emmanel Leroy-Ladurie, professeur d'Histoire de la civilisation moderne au Collège de France, Louis Mermaz, député socialiste de l'Isère, maire de Vienne, Benoît Rayski, éditorialiste à *France-Soir*.

Mêmes sons de cloches, en faveur de l'Histoire qu'à *Historia*.

Numéro du 10 avril de France-Soir :

Louis Mermaz : « ... connaître l'histoire de son pays, l'histoire des autres pays, c'est se connaître soi-même. C'est retrouver son identité et celle des autres... Et puis, pour l'homme de gauche, l'Histoire a un sens plus puissant. Je serais presque tenté de dire qu'elle remplacerait en quelque sorte le Dieu de nos ancêtres... »

Benoît Rayski : « Je ne crois pas qu'on puisse aimer lire, et cela semble indispensable d'aimer lire, si, d'une manière ou d'une autre, on n'a pas plongé dans l'Histoire... »

Emmanuel Leroy-Ladurie : « Avant même d'envisager d'être professeur d'Histoire, j'ai toujours vécu dans l'Histoire. Lorsque j'étais enfant, Napoléon, Fouché, Bismarck, Cavour m'étaient en un sens beaucoup plus familiers que les présidents du Conseil ou les chefs d'État que j'entendais nommer : Pétain, Hitler, Léon Blum... »

Jean-Louis Beaumont : « L'Histoire fait partie de

ma carte d'identité. Évidemment l'Histoire de mon pays, mais d'autres qui s'y sont superposées ou ajoutées. L'histoire de la biologie, l'histoire des espèces qui est, je crois, extrêmement formatrice et qui devrait être mieux enseignée aujourd'hui... L'histoire du monde, l'histoire des religions... L'Histoire me donne une structure qui me permet de m'avancer dans la vie... »

André Bergeron : « Lors de nos discussions dans un congrès, alors que nous expliquions aux jeunes militants les raisons de notre attitude, quelqu'un s'est fâché : " Vous nous racontez toujours vos vieilles histoires. " Un autre militant lui a répondu : " Ceux qui n'ont pas de passé n'ont pas d'avenir ". »

Juliette Benzoni : « Le premier choc de l'Histoire, je l'ai reçu quand on m'a donné mon premier livre d'Histoire en neuvième... On voyait Jeanne d'Arc ficelée à son poteau en train de mourir. J'ai voulu savoir ce qu'était cette histoire... J'ai eu un autre choc quand j'ai lu *Les Trois Mousquetaires*... Je me suis mise à écrire des romans historiques, des romans fleuves... On imagine mal la tendresse que les Français portent à leur Histoire et les nombreuses questions qu'ils se posent... Si vous saviez à quel point les gens, même très modestes, s'intéressent à leurs racines, à des points d'Histoire !... »

Numéro du 11 avril

Benoît Rayski : « A un examen des élèves de l'ENA (École nationale d'administration), une question portait sur 1940. Un étudiant a répondu " Oui, il y a eu de Gaulle, Pétain, mais je ne peux pas dire exactement ce que l'un et l'autre ont fait. " »

Claude Vincent demande ironiquement à

M. Couve de Murville « si ce n'est pas dans la période où il a été Premier ministre que la dégradation de l'enseignement de l'Histoire s'est accélérée... ».

Couve de Murville : « Après 1968, on avait comme première préoccupation de faire la rentrée... On se situait purement sur le plan de l'organisation, pas sur celui des programmes... »

(En somme, enfourner des élèves en classe au jour J. Pour leur enseigner quoi ?... « Je m'en lave les mains », disait Ponce-Pilate qui, lui aussi, à sa façon, avait pour première préoccupation de « faire la rentrée ».)

Une anecdote d'André Bergeron prouve à quel point la folie collective peut souffler dans l'air :

« En 1968, Pompidou, qui n'était plus Premier ministre et pas encore président de la République, m'a reçu. Nous avons parlé de la réforme de l'époque. Pompidou disait : " Plus personne ne va rien apprendre. " Reçu en délégation un mois avant sa mort, je lui rappelai ses propos : " Le plus grave, m'a-t-il répondu, c'est que moi je l'ai votée, la réforme ! "... »

Selon André Bergeron, l'enseignement de l'Histoire est indispensable à la démocratie... « La démocratie c'est la possibilité qu'on offre aux gens de faire un choix. Mais pour qu'ils puissent faire un choix, encore faut-il qu'ils aient tous un minimum de connaissances leur permettant de se prononcer, non par réaction passionnelle, mais, autant que faire se peut, par raison. La connaissance de l'Histoire est un élément de la connaissance, et par conséquent d'appréciation et de jugement, qui est irremplaçable. »

Numéro du 12 avril

Benoît Rayski : « L'enseignement de l'Histoire n'est pas entièrement innocent. M. Mermaz pense que le pouvoir giscardien est gêné par l'enseignement de l'Histoire et lui préfère l'enseignement des mathématiques. »

Emmanuel Leroy-Ladurie : « Il y a une mémoire révolutionnaire, il y a une mémoire gaulliste. En réalité, il y a des mémoires. Je ne suis absolument pas d'accord avec Régis Debray quand il dit que la mémoire est révolutionnaire. Ce qui est très grave, c'est que certaines révolutions deviennent propriétaires de la mémoire. Par exemple il n'y a plus d'Histoire en URSS. On ne sait jamais de quoi hier sera fait... L'usage de la Télévision a monarchisé la France. Nous vivons sous une monarchie... Parce que nos contemporains ont un contact pratiquement physique avec le corps du monarque. C'était l'idéal non pas de la monarchie Louis-quatorzième mais de la monarchie médiévale... D'ailleurs il y a quatre ou cinq monarques... »

Une passe d'armes entre MM. Couve de Murville et Mermaz :

Louis Mermaz : « Pour respecter la morale laïque, la conscience des enfants, il faut faire en sorte de leur apporter des faits le plus objectivement possible et de laisser ouvert le débat. C'est un idéal qu'il est difficile d'atteindre. A-t-il jamais été atteint ? La morale du devoir de l'école laïque, au temps de Jules Ferry, enseignait qu'il y avait de bons et de mauvais ouvriers... Il fallait être un bon ouvrier pour manger du pain blanc. Le mauvais ouvrier mangeait du pain noir... »

Claude Vincent : « Conservateur ou non, ne faut-il pas encourager le bon ouvrier au détriment du mauvais ? »

Louis Mermaz : « Le bon ouvrier c'était celui qui ne se mettait pas en grève. Dans le Malet-Isaac, les grands mouvements ouvriers, les grèves étaient toujours présentés non pas comme des mouvements de revendications, mais comme des agitations ouvrières... Notre régime actuel a peur de l'Histoire. Dans la mesure où c'est un régime d'injustice et de conservatisme, il ne tient pas tellement à ce que les Français s'interrogent sur le passé de leur peuple ou sur celui des autres peuples. »

Maurice Couve de Murville : « Ce qui est comique dans votre raisonnement, monsieur Mermaz – vous me permettrez de le dire – c'est qu'en aucune manière les programmes de l'enseignement du premier ou du second degré ne sont établis par le pouvoir politique. »

Louis Mermaz : « A quoi servent les ministres de l'Éducation ? »

Maurice Couve de Murville : ... « Ils sont établis par les enseignants tels qu'ils se trouvent au ministère de l'Éducation et vous le savez. »

Louis Mermaz : « J'ai entendu à la radio M. le ministre de l'Éducation... Je ne sais si les actes suivront les paroles, mais il promettait même de s'occuper des programmes. Ce ne serait d'ailleurs pas excessif, car telle est bien la fonction du ministre de l'Éducation. »

Maurice Couve de Murville : ... « Ce serait très bien et un fait nouveau dans toutes les Républiques. »

(Jacques, parents, enseignants, enseignés, citoyens des deux sexes et de toutes classes, vous tous qui me lisez, avez-vous remarqué la fabuleuse révolution à laquelle vous venez d'assister ? Le samedi 12 avril 1980, à la page 2 de *France-Soir*, reproduisant un récent débat, un membre de l'opposition, député socialiste et maire, et un membre de la majorité, député, président de la Commission des Affaires étrangères de l'Assemblée nationale, ancien Premier ministre, sont tombés d'accord pour qu'un membre du gouvernement gouverne !... Et ce baiser Lamourette, gage imprévu d'union sacrée, a été échangé devant sept témoins, non pour l'amour du grec, comme dans *Les Femmes savantes* [... « que pour l'amour du grec, monsieur, on vous embrasse »...] mais pour l'amour de l'Histoire !)

* * *

Et pendant que l'on étrangle l'Histoire à l'école, les Français adultes en raffolent. Aux vitrines des libraires, le roman, le grand genre depuis la seconde moitié du XIXe siècle, à la suite des triomphes de Balzac, Stendhal, Flaubert, Zola, Proust, recule devant l'Histoire. Dans l'accélération délirante de notre temps, la vie d'un roman est devenue un déjeuner de soleil. Un mois, deux mois... Dans la presse, à la radio, à la télé, chez les libraires et dans l'esprit des lecteurs, lacéré soir et matin par le cyclone de l'actualité, tout nouveau roman est immédiatement chassé par les autres. Au suivant !... Au suivant !... Plus vite !... Plus vite !...

Au contraire, la vie d'un livre d'Histoire se prolonge pendant de longs mois et même des années. Son passé assure son avenir. Comme le disait le syndicaliste de Bergeron, « ceux qui n'ont pas de passé n'ont pas d'avenir ». « L'Histoire, cette grande passion des Français », proclame dans son journal intérieur *Vient de paraître,* janvier 1980, l'éditeur Robert Laffont.

A tâtons, dans la nuit, les Français cherchent leur identité. On a voulu faire d'eux des amnésiques, incapables de décliner leurs nom, prénoms, lieu et date de naissance. Mais comme ils sont des adultes, il leur reste encore des lambeaux de mémoire. Ils s'accrochent aux branches du grand arbre de l'Histoire abattu. Dans les journaux, les magazines, les revues, les livres, les conférences, les émissions de radio et de télévision. Tous les organes de diffusion regorgent d'Histoire.

L'omnipotente télé ne semble née que pour porter l'Histoire sur son dos et lui faire traverser notre fleuve du temps en furie. Tel saint Christophe, aux vitraux des cathédrales, portant sur ses épaules l'Enfant Jésus à travers un torrent.

Dans mon enfance, je me régalais des *Trois Mousquetaires*, galopant tous les jours en feuilleton dans *La Petite Gironde de Bordeaux et du Sud-Ouest*. Aujourd'hui, sur leurs petits écrans, entre la poire et le fromage, les grandes personnes boivent à longs traits l'Histoire en feuilletons télévisés achetés à l'étranger, comme les très britanniques *Elisabeth* et *Moi, Claude, empereur*, ou fabriqués chez nous : *Les Rois maudits,* d'après les romans de Maurice Druon, *Richelieu, Mazarin, Joséphine.* Ou la vie d'une grande famille actuelle, *Au plaisir de Dieu*, d'après Jean d'Ormesson, dont les protagonistes sont un vieux château, croulant de siècles, et un vieux duc, arbre généalogique en jaquette. De l'Histoire, encore de l'Histoire, toujours de l'Histoire et la France est sauvée !

Avidement, douloureusement, les Français adultes sont taraudés par le ver solitaire de l'Histoire. Ouvrez un journal : l'Histoire vous saute aux yeux : *Le Figaro* du mercredi 30 avril 1980. Toute sa chronique de radio-télévision, du haut en bas de la page, charrie de l'Histoire. « A la Radio, France-Inter gagne des points : 800 000 auditeurs de plus. » Son directeur en profite pour se jeter au cou de l'Histoire : « Pour l'été, Pierre Wiehn étudie plusieurs projets... Connaissant le goût des Français pour l'Histoire et se souvenant du succès de la série d'Henri Amouroux sur la vie des Français pendant l'Occupation, France-Inter met au point avec la participation de cinq spécialistes une série historique de qualité mais accessible au grand public. » (Jean Calmé.)

A la télévision, demain sur Antenne 2, 20 h 35 : « Mayerling : l'Histoire et l'amour. » Le film de Terence Young où le blond archiduc d'Autriche, Rodolphe de Habsbourg, est incarné par le brunissime Omar Sharif alors que sa maîtresse, la brune Maria Vetsera, blondit sous les traits de Catherine Deneuve. Une des énigmes de l'Histoire : le 30 janvier 1889, dans un pavillon de chasse du petit village autrichien de Mayerling, on trouva les cadavres des deux amants. Double suicide ?... Vengeance d'un jaloux ?... Assassinat politique ?... L'archiduc, moderniste, « rêvait pour son pays d'un État fédéraliste, très éloigné de l'Empire », rêve le chroniqueur Dominique Borde.

Enfin le 30 avril même, une des friandises dont Dame Télé se lèche les babines : Eurovision : intronisation de Béatrix, reine de Hollande. Les Français coupent le cou de leurs monarques, mais acclament ceux d'autrui. Ils sont républicains à l'usage interne, royalistes à l'usage externe.

L'Europe trébuche sur le mouton, le lait, le vin, le beurre, les oranges, mais gambade sur les couronnes. On prétend que nous sombrons dans le matérialisme. Or nous ne faisons l'Europe sur rien de ce qui peut nous emplir le ventre. Nous ne la fondons que sur des images sans consistance, défilant sur les parois de notre caverne où nous risquons, un de ces quatre matins, d'être enterrés par l'Apocalypse atomique. L'Europe n'existe que par l'Eurovision, toutes chaînes unies, née d'un couronnement : celui de la reine Elizabeth d'Angleterre. Couronnement de nos rêves de républicains pantouflards et d'anarchistes bourgeois. « La vie est un songe. »

Tout ce 30 avril 1980, les Français régicides, râleurs, rouscailleurs, se pourlèchent de tartines de Béatrix. Sur Antenne 2 un direct de deux grandes heures et demie, commenté d'Amsterdam par Léon Zitrone, grand chambellan des fastes royaux.

« Journaux télévisés directs et demi-différés couvriront en Eurovision, de 10 h 30 à 11 h 30, les moments les plus mémorables de ces solennités : à 10 h 30, l'abdication de Juliana, le salut à leur peuple des deux Majestés, l'ancienne et la nouvelle, la présentation des lettres de créance des ambassadeurs. A 14 heures, l'arrivée des invités à la nouvelle église d'Amsterdam ; la réception à 14 h 30 des deux Chambres du Parlement néerlandais par Béatrix de Hollande.

« Formation du cortège, puis, à 14 h 55, cérémonie inaugurant le règne. Les journaux télévisés du soir reviendront sur ces événements royaux. Puis, de 22 h 40 à 23 h 40, ce sera la visite royale au bon peuple d'Amsterdam à travers les canaux illuminés de la Venise du Nord, suivie d'un feu d'artifice et d'un ballet nautique. » (Henri Husson.)

Pendant ce temps, en classe, à côté du cadavre de l'Histoire, les enfants de ces dégustateurs de pompes royales ingurgitent de la poussière de « séquences » et de la « frise chronologique », purgatif aussi nauséeux que l'huile de ricin d'antan. La France est devenue un cabanon flottant où des déments marchent sur la tête. Les adultes se gavent de concret historique rutilant. On réserve à leurs enfants le répugnant abstrait. On prive ces mêmes enfants de distributions des prix, alors qu'on en gave leurs parents écrivains (des centaines de prix littéraires par an, plus que de fromages). On ne classe plus ces dits enfants par premier, second, troisième, pour ne pas les traumatiser. On classe à pleines pages de journaux, à pleins écrans, les chevaux du tiercé, les coureurs cyclistes, automobiles, motocyclistes, les coureurs à pied, sauteurs, nageurs et autres sportifs de tous maillots, de toutes pédales.

Quel Jérôme Bosch peindra cette nef des fous charriant cinquante millions de taupes vers les gouffres ?

Un paria :
le Dessin

Jacques,

Du temps de mes études, au sommet de la hiérarchie, plastronnait le professeur de lettres, oint de latin et de grec. Une marche au-dessous, celui de maths, blanc de craie. Un peu au-dessous, celui de physique et chimie, hérissé de cornues. Au même niveau que le professeur d'Histoire naturelle, les professeurs de langues. Tout en bas, la piétaille : dessin, musique, gym. Le professeur de musique venait de l'extérieur. Vivant surtout de leçons particulières, il traversait le collège en un éclair zébré de coups de baguette. Celui de gym exerçait la profession de menuisier de l'autre côté de la rue. Quand il avait assez raboté, il se traînait dans notre cour en pantoufles, pour nous commander mollement « Une, deux !... Une, deux !... ». Nous nous accroupissions et nous relevions en nous fendant la pipe. Confondu avec ces réprouvés, le prof de dessin partageait leur abaissement.

Dans les autres classes, le chahut soufflait par bouffées. Il apparaissait, disparaissait, mobile comme le temps aux changements de lune. Dans la classe de dessin, il régnait à l'état endémique, comme le choléra dans l'Inde. Tout ici le favorisait. D'abord la disposition des lieux. Ailleurs, nous restions vissés à nos bancs comme des galériens. En dessin, une partie de la salle était libre et réservée à nos déplacements, avec une immense table pour certains de nos travaux. Le reste était occupé par des barres de fer en demi-cercle sur lesquelles nous appuyions nos cartons. Ces barres permettaient tous les exercices du cirque : barres fixes, trapèze, parallèles. Les bras en balancier, nous les utilisions même comme le fil de fer du funambule.

Nos tabourets nous servaient de catapultes, de boucliers, de béliers, de toutes sortes d'armes offensives ou défensives du siège d'Alésia. Nos instruments de travail, gobelets d'eau, crayons, tubes de couleurs, pinceaux, gommes, canifs, se prêtaient à mille facéties. L'eau était notre élément favori. L'eau dont nous nous aspergions pontificalement : *Benedicat vos omnipotens Deus !...* L'eau insinuée dans le cou, à la Judas, avec un doux sourire. L'eau jetée brusquement, par surprise, en pleine poire : l'adversaire en restait baba, pleurant, suffoquant. Nous l'avions devancé. Il s'apprêtait à nous en faire autant. C'était ce qu'on appelait « faire de l'aquarelle ».

Le feu jouait aussi son rôle. Un poêle énorme rougeoyait au centre de l'amphithéâtre des barres de fer. Un jour, un de mes camarades, prénommé Eloïs, me défia : « Chiche que j'y fous ton béret ! – Chiche ! » Il souleva le couvercle du poêle avec un crochet et y jeta mon béret, dans des torrents de fumée noire. Pour un Pyrénéen, suprême insulte, qui ne se lave que dans le sang. Je taillai mon crayon. Je me ruai sur Eloïs, le canif à la main. Et je lui assenai, au poignet, ce que la Renommée enfla en « un coup de couteau ». En fait une estafilade. Damiens n'en avait pas fait plus à Louis XV. On lui brûla la main qui avait tenu le canif. On versa sur ses plaies du plomb fondu et de l'huile bouillante. Puis on l'écartela à quatre chevaux en place de Grève. Je craignais presque qu'on ne m'en fît autant, quand M. Mule, notre professeur, livide, hors de lui, me secoua en criant : « Mais vous êtes fou !... Vous êtes fou !... » C'était ce qu'on appelait « faire du plâtre ».

De temps en temps, d'ailleurs, nous faisions réellement de l'aquarelle et du plâtre. J'ai gardé une collection de bustes, dessinés au fusain. *Homère* aux yeux blancs d'aveugle. *César*, « le portrait d'un débauché », selon notre professeur de latin, *Auguste*, insignifiant, une matrone romaine qui ne devait pas, disions-nous, « avoir le boyau à la rigolade », un roi assyrien au front ceint d'un bandeau, comme Borg, aujourd'hui. Un esclave de Michel Ange, la tête penchée comme dans un torticolis. Des enfants de Donatello, « si mignons » d'après M. Mule. *Saint Louis,* « le roi aux yeux de colombe », *Charles V,* le peintre Gérôme par Carpeaux. Et un moulage qui suspendit en moi toute envie de chahut : l' « Inconnue de la Seine ». Une jeune noyée, jamais identifiée, d'une beauté surnaturelle, qui joua dans mon imagination le rôle de la sylphide dans celle de Chateaubriand.

Cahin-caha, nous crayonnions, gouachions, peinturlurions, avec un minimum d'esprit d'observation. Aucune tendance subversive, aucun vice tordu n'altérait notre joviale santé. Mais jamais l'ineffable M. Mule ne fut effleuré par l'idée qu'il pourrait nous faire un brin de causette sur l'Histoire de l'Art. L'Histoire, c'était du domaine du professeur du même nom. Défense de piétiner les plates-bandes d'autrui !

Sur les grands peintres, les grands sculpteurs, les grands architectes, les grands musiciens j'étais le plus crasseux des Béotiens. J'ignorais tout de ces créateurs qui, avec les grands écrivains, que je connaissais un peu mieux, avec une poignée de héros et de saints, et avec une multitude de braves gens inconnus, empêchent l'histoire de l'humanité d'être le plus sinistre abattoir.

Je dus attendre l'âge de vingt-six ans pour recevoir ma révélation. Quand j'affichai mon faire-part de mariage dans la salle des professeurs du lycée Corneille, à Rouen, où j'enseignais, mes collègues, voyant que le grand-père de ma femme était pharmacien, s'écrièrent, en me bourrant de coups de coude farceurs : « Gros malin, vous épousez le magot ! »

Vous aviez raison, mes chers collègues. En dot, ma femme m'apportait des toiles de Rubens, de Van Dyck, de Paul Potter, de Ruysdaël, de Cuyp, de Franz Hals, de Rembrandt, de Van Eyck, de Memling. Une galerie fabuleuse que n'auraient jamais pu se payer les Rockefeller et les Onassis. Tous ces trésors étaient renfermés dans un petit livre de la collection Nelson à la couverture crème, ornée de nœuds de rubans et d'un décor floral chichiteux, modern style : *Les Maîtres d'autrefois* d'Eugène Fromentin.

Durant l'été de 1936, en pleine lune de miel, sur la terrasse d'une villa de Grasse, je reçus le choc de l'initiation sur une chaise longue où, tous les après-midi, je restais foudroyé de bonheur : je découvrais, page après page, l'univers enchanté de la peinture. Devant moi s'ouvraient les portes des mystères. J'allais d'émerveillement en émerveillement, guidé par un quinquagénaire au regard triste d'épagneul et à la grosse rosette de la Légion d'honneur qui le consolait mal d'avoir été battu à l'Académie des beaux-arts et à l'Académie française : Eugène Fromentin, d'après son portrait au frontispice de l'ouvrage. Attentionné, précautionneux, incroyablement tendre, cet homme dont ma femme me dit qu'il n'était qu'un peintre estimable, avait écrit deux chefs-d'œuvre : le roman *Dominique* et ces *Maîtres d'autrefois*. Il me montrait le héros de légende qu'était un grand peintre dans l'épopée de la création. Il m'initiait au maniement de ses armes, ses pinceaux, guerroyant dans le monde des couleurs. Il m'apprenait ce métier vertigineux, dont les Waterloo ou les Austerlitz sont une touche de peinture, posée ici plutôt que là, plus ou moins appuyée, légère, violente, nerveuse.

Je comprenais que le bonheur suprême pouvait être, pour Rubens, dans sa *Pêche miraculeuse*, de brosser des pêcheurs, « sans doute en quelques heures, au premier coup, en pleine pâte, claire, égale, abondante, pas trop fluide, pas épaisse, ni trop modelée, ni trop ronflante ». Ah ! cette pâte que ce monsieur convenable me faisait goûter, comme une sauce, sans se soucier de tacher sa redingote, quelle stupeur charmée pour l'ignare que j'étais ! La peinture n'était donc pas simplement une amusette des yeux. Elle était l'exercice de tous les sens, passionné, dévorant. Une ascèse, une conquête permanente, une folie de l'esprit, du cœur, du corps, de l'âme, comme l'effusion mystique, comme l'amour. On avait envie de la manger, comme le fidèle, dans l'hostie, avale son Dieu. Et, en même temps, c'était un métier, minutieux, tenace, comme l'ébénisterie ou la cuisine.

Tandis que le soleil d'été de Grasse crépitait autour de l'ombre de ma terrasse, ce monsieur courtois à la barbe poivre et sel me conduisait, le 8 juillet 1875, à la cathédrale Notre-Dame d'Anvers, qui me plongeait dans la mélancolie du Nord. La *Descente de croix* de Rubens me transportait d'une admiration sans bornes. « Vous n'avez pas oublié », disait Fromentin, avec sa politesse confondante, à moi qui ne savais rien, « vous n'avez pas oublié l'effet de ce grand corps un peu déhanché, dont la petite tête maigre est tombée de côté, si livide et si parfaitement limpide en sa pâleur, ni crispé, ni grimaçant, d'où toute douleur a disparu, et qui descend avec tant de béatitude, pour s'y reposer un moment, dans les étranges beautés de la mort des justes... » Sublimes accents qui m'ouvraient le ciel.

* * *

Et maintenant, où en sommes-nous de l'enseignement du dessin ?

M. Pierre Fillette, professeur de dessin au lycée Janson-de-Sailly, où j'enseignais naguère, me reçoit dans son atelier de Boulogne. Le sosie de Pierre Fresnay. Même hauteur carrée du front, même bouillonnement de passion contenue. En plus, dans le cou, un flot de cheveux à l'artiste.

Un professeur de dessin qui peint. L'épanouissement naturel d'une vocation. Comme un professeur de français qui écrit, un professeur d'éducation physique qui exécute les mouvements qu'il ordonne, un cuisinier qui mange son cassoulet, un coiffeur chevelu.

La peinture de Pierre Fillette, mystique, rêveuse, enrichie d'enfance, m'enchante.

– Apprendre à dessiner c'est aussi important qu'apprendre à lire ou à écrire, me déclare-t-il d'emblée.

Le dessin n'est pas seulement un art d'agrément. Un ornement pour demoiselle à marier qui, jadis, apprenait à dessinoter, à dansoter, à pianoter. Le dessin n'est pas uniquement l'école des yeux, mais celle de la pensée. Un nouveau Descartes écrirait un *Discours de la méthode* par le dessin. Le dessin : école de l'attention, qui différencie les hommes. Entre la bêtise, l'intelligence, le talent, le génie il n'y a qu'une différence d'attention. Le crétin est celui qui ne fait pas attention. Le génie, celui qui concentre sur un certain point une intensité colossale d'attention. « Votre secret ? – Je n'ai rien négligé », dit Poussin. C'est-à-dire : « J'ai fait sans cesse attention. » Dieu : le génie total qui maintient l'univers sous son attention, éternellement.

Les mathématiques exercent l'attention par la géométrie, les sciences naturelles par l'observation des plantes et des animaux, les lettres par la psychologie. Le latin par l'étude de sa syntaxe. L'histoire par celle des monuments. Le dessin collabore avec toutes ces disciplines et les rassemble. Le géomètre, le botaniste, le zoologiste, l'écrivain, l'historien devraient savoir dessiner. Les plus grands d'entre eux, notamment parmi les écrivains, Hugo, Musset, Mérimée, inspecteur général des Monuments historiques, dessinaient.

On peut commencer à enseigner le dessin très tôt. Il aide à coordonner les gestes et à formuler les premières observations des enfants. On ne peut pas demander à un tout petit : « Écris ce que tu penses de cet arbre, de ta maison. » Mais on peut lui dire : « Dessine un arbre !... Dessine ta maison. » A la maternelle, le dessin est roi.

Pierre Fillette déplore que les petits, actuellement, soient sevrés de dessin en passant du jardin d'enfants à l'école primaire.

– Vous, personnellement, comment enseignez-vous le dessin à Janson ?

– Je commence par dire à mes élèves : « Je ne peux pas vous apprendre à dessiner. Cela supposerait qu'il n'existe qu'un type de représentation et pas d'autre.

« Ce que je peux vous apprendre c'est en quoi

consistent vos outils et la façon de vous en servir : plume, crayon, fusain, gouache, aquarelle... Nous vivons à l'articulation de deux mondes : l'intérieur, l'extérieur. Le dessin et la peinture essaient, par des signes extérieurs, de traduire le monde intérieur. Ce que je peux encore faire c'est éveiller ou réveiller en vous ce que nous possédons tous : la sensibilité. N'oubliez pas qu'elle peut s'émousser très vite et qu'il faut sans cesse la stimuler.

« Dans ma naïveté des débuts, j'ai cru qu'on faisait le professorat pour poursuivre, en enseignant, une aventure artistique. Il me semblait inadmissible qu'on enseignât le dessin ou la musique sans faire de la peinture ou de la musique. Or, parmi mes camarades d'études du professorat de dessin, deux seulement ont continué à peindre.

« Mon enseignement est VÉCU. Il sera d'autant plus riche que mes élèves se rendront compte que leur professeur ne se borne pas à les endoctriner de haut, mais qu'il vit avec eux la même aventure.

« Pour enseigner, il faut d'abord apprendre, puis désapprendre, pour inventer. Aujourd'hui la *créativité*, cette diarrhée verbale, a noyé la création. »

Je m'imagine élève de M. Pierre Fillette, à Janson, et non plus, comme je le fus, au collège de Villeneuve-sur-Lot, au temps du béret dans le poêle. Que m'enseignerait-il ?

Pierre FILLETTE : « En sixième, je leur dis : " Vous savez faire des points pleins ou vides. Vous savez tirer des traits : horizontaux, verticaux, obliques, courbes, épais, légers, serrés, espacés... " Alors je leur fais dessiner une chevelure de fille vue de dos. Chignon, couette, queue de cheval... elle est plus variée que celle d'un garçon. Je les rassure : ils dessinent d'abord au crayon, légèrement, puis ils repassent à l'encre... »

Moi : « L'éditeur Julliard avait commandé ses *Mémoires* à Maurice Chevalier. Le grand fantaisiste tremblait devant sa page blanche. Comme tous les écrivains, comme Mallarmé devant le papier " que sa blancheur défend ". Pour rassurer Maurice, un ami écrivain lui conseilla : " Écris au crayon ! Ça aura l'air moins définitif ". »

Pierre Fillette : « Je leur fais faire des collages. Observez un chat chez vous ! Notez par des croquis vos observations ! Ensuite cherchez dans des magazines des photos dont les morceaux, collés, suggéreront un chat ! Ce peut être des morceaux de paillasson. On doit oublier l'origine de ces fragments pour arriver à des résultats nouveaux.

« En cinquième, l'aquarelle. Plus qu'une explication, une démonstration. Je suis comme vous. Je prends de l'eau claire (*aqua :* l'eau, en latin). Pour thème, une profession que vous voudriez exercer. Trois choses à remarquer. Premièrement, le geste du personnage, son attitude, les proportions de son corps : le boucher, le violoniste... Ça me permet de parler du canon : chez les Grecs, la tête devait être sept fois dans la hauteur totale.

« Deuxièmement, le costume, caractérisant la profession (hélas ! de moins en moins !) : pâtissier, boulanger...

« Troisièmement, le décor : un écrivain devant sa bibliothèque... » La classe qui passionne le plus Pierre Fillette : la terminale. Le dessin y est facultatif. Un groupe de volontaires, comme pour monter au feu, de seconde, première, terminale : une quinzaine sur les 2 300 élèves du lycée.

Tous des fervents. Ils dessinent d'après des moulages. Ils peignent, font des croquis, de la décoration, de l'Histoire de l'Art, dans l'enthousiasme.

Maintenant écoutons Pierre Fillette sonner le tocsin du dessin comme d'autres le sonnent pour nos autres désastres.

« Quand j'ai débuté, en 1950, le dessin était obligatoire dans le second degré, de la sixième à la terminale. Obligatoire, deux heures par semaine, dans toutes les classes préparatoires aux Grandes Écoles. Obligatoire au concours d'entrée à ces Écoles : Polytechnique, Centrale, Navale, Saint-Cyr. Obligatoire aux concours d'entrée aux Écoles normales d'instituteurs. Progressivement on a supprimé ces épreuves. Il ne reste plus que l'épreuve facultative au baccalauréat et au brevet élémentaire.

« Quand je suis arrivé à Janson, je faisais presque tout mon service avec les classes de mathématiques supérieures et de spéciales. Des heures heureuses, un travail sérieux, avec des élèves qui corrigeaient ainsi la sécheresse de leurs études scientifiques.

« Actuellement, il ne reste plus qu'une heure obligatoire de dessin de la sixième à la troisième comprise. Au-delà, en seconde, première, terminale, il est facultatif. Discrimination injuste envers les élèves qui auraient besoin du dessin pour développer leur sensibilité. »

Pierre Fillette me signale avec quelle légèreté on a guillotiné le dessin en seconde. Il avait un ami très lié avec le directeur des programmes de l'Enseignement secondaire, il y a une quinzaine d'années. Cet ami s'aperçut que, dans les programmes de dessin, on n'avait rien dit des secondes. Il téléphona au directeur. « Mais oui, tu as raison, lui répondit celui-ci ; on a oublié les secondes. Tiens, on va leur coller le dessin facultatif. »

Un signe du massacre du dessin : en 1960, quand Pierre Fillette fut nommé au lycée Janson, ils étaient cinq professeurs de dessin titulaires, avec chacun vingt heures de cours par semaine. Aujourd'hui, depuis cinq ans, selon le jeu des mises à la retraite, pour 2 300 élèves, ils ne sont plus que deux.

Autrefois, les professeurs de dessin recevaient une solide formation de praticiens et de pédagogues. Leurs deux grands concours, le premier et le second degré, comprenaient des épreuves attestant leur compétence à enseigner : croquis, nu, décoration, portrait.

Pierre Fillette a été reçu au second degré en 1952, à la troisième fois. Trente-trois reçus, hommes et femmes, sur cinq cents candidats. En ce temps-là, on suivait des cours de préparation à ces concours aux Beaux-Arts et aux Arts décoratifs.

Actuellement, voici le processus pour devenir professeur de dessin. Après le baccalauréat, on prépare, dans une université, un diplôme au nom répugnant : un DEUG (diplôme d'enseignement universitaire général), option art, deux ans d'études. Ensuite une maîtrise, espèce de thèse : comme sujet, un candidat a proposé l'étude de sa propre peinture !... Puis le CAPES. Enfin une nouveauté : l'agrégation de dessin et d'arts plastiques : à l'écrit, une dissertation d'esthétique, une dissertation d'histoire de l'art — à l'oral, une analyse d'image, un dessin sur un thème très vaste et très flou.

Cette agrégation, comme les examens ou concours précédents, nage dans le laïus. Des mots, du vent. Du vent, des mots. Comme apprentissage de dessin ou de peinture, zéro. Des ratiocinations, des réflexions critiques dans le domaine de la réalisation, de la main à la pâte, avec crayon ou pinceau, rien, trois fois rien, cent fois, mille fois rien. Un interminable bla-bla-bla, un sempiternel tam-tam de mots. Le contraire du conseil de Matisse à ses élèves : « Commencez par vous couper la langue ! »

* * *

J'éclaire ma lanterne avec une interview du *Nouvel Observateur* (lundi 3 septembre 1979) : « La classe de dessin va disparaître des lycées et collèges. A l'origine de cette mesure on trouve paradoxalement un inspecteur général de l'Instruction publique, Jean-Michel Colignon, qui est également le doyen français des disciplines artistiques. Il a expliqué à France Huser par quel type d'enseignement il veut remplacer le " prof " de dessin traditionnel et en quoi ce changement va très au-delà du seul cycle scolaire. »

Ce changement, ou plutôt ce dynamitage, continue le travail de destruction de notre culture. Le but : remplacer notre société à laquelle reste attachée la majorité des Français par une autre dont ils ne veulent pas.

Jean-Michel COLIGNON : « Jusqu'à maintenant, nous vivions sur un héritage, la sclérosante tradition des ateliers et des académies... »

Remarquez le ricanement goguenard sur *héritage* et *tradition*. Pour M. Colignon, un *héritage* ne peut être que mauvais, la *tradition* que *sclérosante*. Pourtant cette *sclérose* des *ateliers* et des *académies* n'avait pas empêché la France d'être longtemps le royaume de la peinture. Par un libre jeu tantôt d'obéissance novatrice à cette *tradition,* tantôt de révolte fructueuse bénéficiant en partie des trésors de la *tradition.*

France HUSER : « Qu'attend-on désormais de ces professeurs d'arts plastiques qui ont remplacé les anciens professeurs dits de " dessin " ? »

Jean-Michel COLIGNON : « Qu'ils reviennent à leur véritable vocation : celle d'éducateur... »

Comme si, pendant tant d'années, en apprenant aux enfants à dessiner, ils avaient trahi leur vocation !...

Jean-Michel COLIGNON : « ... Ils doivent utiliser les formes, les couleurs, les matériaux, non pas pour faire répéter, copier servilement à des enfants le monde qui les entoure, mais à des fins éducatives ; c'est-à-dire pour former les esprits, aider l'enfant à s'épanouir, à participer à sa propre éducation ; il s'agit d'abandonner une partie d'un " savoir-faire " qu'on distribuait autrefois à une petite minorité au profit d'un " savoir-être ", que l'on propose à tous... »

Sous le vocabulaire ronflant, dénonçons l'imposture ou, si ce doctrinaire est de bonne foi, l'erreur colossale. Hier, il ne s'agissait pas de « copier servilement » le monde, mais de l'observer humblement, fidèlement, comme Chardin ou Corot. Cette soumission extasiée à la beauté du monde n'était-elle pas la plus merveilleuse façon de « former » son esprit, de « s'épanouir », comme quand Renoir s'obstinait à peindre des fleurs et des femmes avec des doigts paralysés, ou quand Bonnard, à la fin de sa vie, explosait d'allégresse en un petit arbre du printemps en fleurs ?

Et cette monumentale et sournoise calembredaine : « Abandonner une partie du *savoir-faire* qu'on distribuait autrefois à une petite minorité au profit d'un savoir-être que l'on propose à tous. » Fumées d'utopie, contraires même aux récents mouvements de pensée, comme l'existentialisme. Pour l'existentialisme, « l'existence précède l'essence ». « L'homme n'est rien avant d'avoir fait quelque chose de lui-même ; il n'y a pas d'essence de l'homme, qui déterminerait d'avance à tel ou tel destin ; l'existence n'est que l'œuvre de notre liberté. » (Dictionnaire Larousse.)

Nous ne sommes que ce que nous faisons. Le *savoir-faire*, méprisé par M. Colignon, est donc la condition primordiale du *savoir-être* qu'il prône. Sans *savoir-faire*, sans création, pas de *savoir-être*, pas de bonheur. Tant de jeunes aujourd'hui flottent à la dérive et se raccrochent à n'importe quoi, violence ou drogue, parce qu'on ne leur a enseigné aucun *savoir-faire*. Apathiques, léthargiques, décervelés, pataugeant dans les nuées d'une molle *créativité*, ils ne parviendront jamais aux rives idylliques du *savoir-être* promises par M. Colignon.

Bien entendu, vous avez remarqué, au passage, la sempiternelle rengaine sur les Français séparés en deux blocs : une *petite minorité* de privilégiés auxquels on distribuait le *savoir-faire*. Et la béatitude des masses, accédant enfin, grâce à M. Colignon, au paradis du *savoir-être*.

Et toujours cette liberté absolue, totale, sans freins, laissée à l'enfant. Jamais ce minimum de contrainte qui lui permettrait de se muscler. Comme si un athlète, pour former ses deltoïdes, soulevait des haltères en papier !...

Au seuil d'un monde de fer et de terreur, où l'enfant se heurtera partout à des résistances effroyables, M. Colignon est de ceux qui les suppriment toutes à l'école. Il se prosterne devant l'Enfant-Roi du Peuple-Roi. Courtisan dévotieux, il déverse à ses pieds l'or, l'encens, la myrrhe.

Jean-Michel COLIGNON : « L'enfant a toute la liberté de choisir la technique qu'il veut. On met à sa disposition tout ce qu'il est possible de lui offrir. Du dessin avec une plume, au crayon ou au fusain jusqu'à la sculpture en bois, en métal, en plastique, en passant par le collage, le tissage. La décision que l'enfant prend d'utiliser tel ou tel matériau – fil, laine, matière plastique ou peinture... – pour traiter un sujet choisi en commun par toute la classe donne déjà au maître un précieux renseignement sur l'enfant... »

Dans son aveuglement, M. Colignon, à propos du « dialogue particulier » de l'enfant, qu'il faut respecter, avec des matériaux, cite un exemple-boomerang qui lui retombe sur le nez.

Jean-Michel COLIGNON : « Un vieil ébéniste que j'ai vu travailler dans le faubourg Saint-Antoine... parlait de bois " capricieux ", " entêté ", et c'était vrai. Quand on avait, soi-même, passé la main sur le bois qu'il travaillait, on découvrait que cet homme, avec ses mains, avait fait émerger des vérités qui n'étaient pas évidentes pour tout le monde. »

Et qui n'étaient devenues *évidentes* pour lui, monsieur l'inspecteur général, qu'à force de travail durant toute une vie, à force de combats et d'amour contre ce bois *capricieux* comme une femme, ou *entêté* comme un rival. C'est en luttant de tout son corps, de toute son âme contre ces résistances qu'il avait conquis le *savoir-faire* qui le menait au *savoir-être*, c'est-à-dire à ce *bonheur* que vous rêvez d'introduire dans la pédagogie et qui la fuira tant qu'elle sombrera dans le laxisme.

Entre 1948 et 1952, M. Colignon était encore professeur de dessin. Sous l'influence des expériences de Freynet, de Montessori, de l'école américaine de pédagogie, qui firent merveille, mais que l'on caricature aujourd'hui, il comprit « qu'il avait un autre rôle à jouer que d'apprendre à reproduire une feuille de platane ou d'imposer aux gens des tête-à-tête interminables avec des tabourets à mettre en perspective. »

Pourtant c'est si beau « une feuille de platane » ! Et nos écologistes ne frémiraient-ils pas d'allégresse en voyant leurs enfants apprendre à distinguer une feuille de platane d'une feuille de chêne ou de hêtre, devant lesquelles sécheraient force petits citadins ? D'autre part, monsieur l'inspecteur général, croyez-vous qu'il soit déshonorant « d'apprendre à reproduire une feuille de platane » quand Cézanne passa sa vie à « reproduire » des pommes ? Et comment rougir d'imposer aux gens des tête-à-tête interminables avec des tabourets « à mettre en perspective », alors que Van Gogh peignit un chef-d'œuvre dans ses tête-à-tête avec une chaise, et que Paolo Uccello réveillait sa femme, la nuit, pour lui chanter les splendeurs de la perspective ?

* * *

Jacques, quittons M. l'inspecteur général, ses pompes et ses œuvres. Retrouvons, comme à chaque vacance, à Villeneuve-sur-Lot, ta véritable amie : Agatha Christie. Une vieille dame, jadis professeur de dessin, dans un lycée de Paris. Originaire de Villeneuve, elle s'est retirée dans une petite maison jouxtant la nôtre, au champêtre chemin de Papou. Elle passe son temps, comme Candide, à cultiver son jardin. « Mes élèves m'appelaient " Agatha Christie ". Elles trouvaient que je ressemblais à la reine britannique du roman policier », m'avoua-t-elle un jour en me tendant un panier de cerises par-dessus la haie. Elle nous offre les fleurs et les fruits de la saison. Et ses réflexions sur le dessin, parfumées d'accent du Midi et de senteurs maraîchères. Voici quelques-uns de ses propos par-dessus la haie :

Agatha CHRISTIE : « Avec mes élèves, j'allais de

découverte en découverte. Je leur disais : “ Il n’est pas nécessaire de monter en avion ou en auto pour trouver du mouvement. Sans bouger, le monde se meut. – Meuh !... faisaient-elles gentiment. – Quand vous regardez votre maison, elle vous paraît grande. Si vous la regardez du haut de la colline, elle vous semble petite. Suivant la distance, les objets grandissent ou diminuent. Cette chaise, si vous la regardez en face, elle n’a que deux pieds. Si vous la tournez légèrement, elle en a trois. Si vous la tournez un peu plus : deux. Un peu plus encore : quatre. ” »

Toi, Jacques, l’endormi, je crois qu’Agatha Christie t’aurait réveillé. A d’autres vacances, en m’offrant des abricots, elle m’a raconté l’histoire du bol.

Agatha CHRISTIE : « Voici un bol ! Si vous le regardez d’en haut, qu’est-ce que c’est ? “ Un rond, répondait la classe, en chœur. – Si vous le regardez au niveau des yeux ?... – Une ligne horizontale. – Si vous le descendez encore ?... – Un ovale. – Et maintenant ?... – Une ellipse... ” Je les aidais à trouver ce mot. “ Et si je le monte comme ceci ?... – Une ligne. – Une ligne comment ?... Concave ?... Convexe ?... – Convexe ! ” »

Un autre jour, elle m’expliqua comment elle leur révélait le « volume » : avec des ombres qui font d’un cercle une sphère. Au monde des couleurs, ce sont elles qui donnent « le volume » : des ombres bleues, mauves, violettes.

Agatha Christie sidérait ses élèves, et moi aussi, qui l’avais oublié, en leur révélant que, dans la nature, il n’y a que trois couleurs : JAUNE, BLEU, ROUGE. En mélangeant deux à deux ces trois couleurs, vous obtenez toutes les autres.

Avec son coup mnémotechnique des deux triangles, elle était plus Agatha Christie que jamais.

Comme si elle faisait apparaître et disparaître des fantômes.

Premier triangle :

Les trois couleurs :

Bleu-rouge-jaune

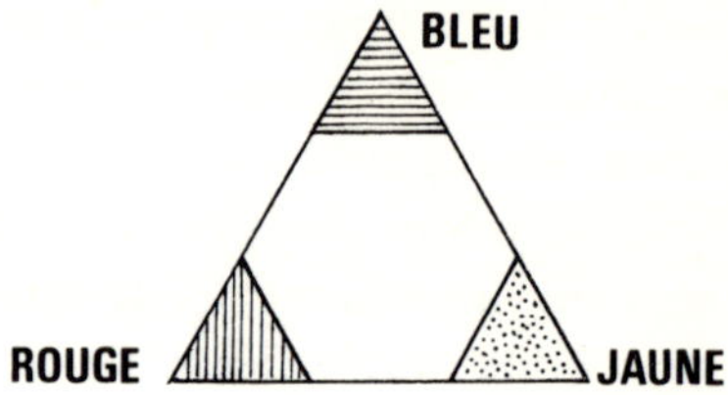

Second triangle :

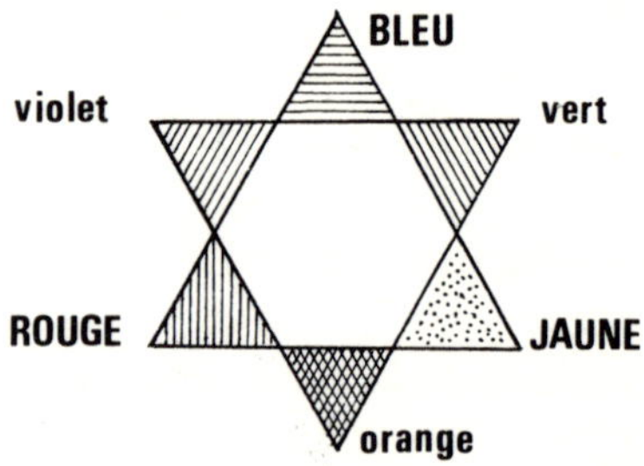

Les mélanges :

Bleu + Rouge = violet
Rouge + Jaune = orange
Jaune + Bleu = vert

Ainsi Agatha Christie, en m'offrant un panier de poires duchesses, déployait par-dessus la haie les formes et les couleurs du monde.

La terreur des maths

Jacques,

Mathématiques, j'écris votre nom en tremblant. J'ai été élevé dans la crainte de Dieu et des maths. De Dieu, parce qu'il est tout-puissant, des maths parce que je suis nul. D'ailleurs, maintenant, elles sont devenues, elles aussi, toutes-puissantes.

Pendant mes études : premier en tout, dernier en gym et en maths. En gym, comme si ce Dieu jaloux m'avait privé de mon corps pour me punir. Un corps bouché aux maths ne méritait pas de s'ouvrir à la vie.

Les maths me nouaient l'esprit et les sens. Sourd, muet, aveugle, paralysé. Un mort vivant réclamant le sépulcre pour fuir les problèmes sur les robinets.

Aucun monstre imaginé par Jérôme Bosch ou par les sculpteurs des gargouilles des cathédrales n'égalait pour moi l'horreur des chiffres. Le 9, ce dragon à la queue hérissée d'épines, au ventre obscène. Le 5, brandissant son sabre pour me décapiter. Le 2, ce boa ouvrant sa gueule d'avaloir. Le 8, cette hydre m'étouffant dans ses nœuds. Le 1, ce pieu rougi au feu pour m'empaler.

Un beau jour d'été, je me promenais à la campagne à bicyclette avec mon père. En pédalant, il lui prit l'envie de me poser un problème sur les cyclistes qui partent en même temps de points opposés, à des vitesses différentes, qui se croisent, qui se rencontrent. Soudain, le ciel se couvrit d'un voile noir. Un gémissement d'agonie jaillit de mes entrailles. Mes yeux ne voyaient plus, mes oreilles n'entendaient plus. Mon cerveau ne transmettait plus l'impulsion à mes pieds, crispés sur les pédales. Les collines, les arbres, les poteaux télégraphiques tournoyaient. Dans un fracas de ferraille, je m'abattis sur un tas de cailloux, entremêlé dans le cadre de mon vélo comme dans les replis d'un 8.

Au collège, un matin de juin, j'étais seul dans une classe avec mon professeur de maths, un brave homme à barbiche, sosie de Socrate. Je passais l'épreuve de maths du concours des Bourses, d'où dépendait financièrement la suite de mes études. Cloué de terreur, je restais inerte devant ma feuille. Les minutes passaient. Rien, toujours rien. Des larmes intérieures se gelaient en moi, sans couler. J'étais en enfer, dans un désert de glace, dévoré par les chiffres.

Socrate, qui, pendant deux trimestres, avait sondé l'infini de mon néant, descendit doucement de son estrade. A petits pas, il vint se placer derrière moi. Dans un murmure, il commit une illégalité. Mot par mot, chiffre par chiffre, en répétant parfois, car j'étais même incapable d'écrire correctement ce qu'il me disait, il me dicta la solution du problème.

Entre la huitième et le bac, Dieu eut tout de même pitié de moi. Puisqu'il m'avait pourvu de quelques dons en lettres, il ne devait pas m'abandonner dans les affres des maths. Du haut du ciel, miséricordieux, il me tendit un exemplaire de ses tables de la loi, déguisées en table de multiplication. Éperdu de gratitude, je levai les bras pour le saisir. Dans ma fièvre, j'en déchirai un bout : celui où il y avait 7 fois 1 et la suite, et 9 fois 1. Voilà pourquoi il ne faut pas trop me pousser à partir de 7 fois 6 et de 9 fois 4.

* * *

Aujourd'hui, les maths règnent comme le Minotaure. Chaque année, elles exigent leur ration de chair fraîche. A la fin de la troisième, à coups d'aiguillons, les orienteurs poussent les jeunes dans les stalles qui décident de leur vie. Mépris de fer pour ceux qui choisissent A : Lettres pures. « Les Lettres pures ne mènent purement à rien, sauf à devenir professeur de Lettres pures. Les Maths mènent à tout. » On cajole les élèves qui choisissent la section la plus riche en maths : C. Le sel de la terre.

« Je connais un garçon qui s'est suicidé parce qu'on lui avait imposé " une section qui ne convenait pas à sa nature " », me dit M. B., professeur de maths dans un lycée de Paris, auteur d'exercices et de problèmes avec solutions, qui veut bien me recevoir dans sa lointaine périphérie. Ouvrir sa porte à un nullard, c'est accueillir un Mesrine[1] en cavale. Pour m'empêcher de m'évanouir, Mme B. débouche une Veuve Clicquot : mieux que le verre de rhum du condamné.

Je me cramponne, tandis que M. B. aborde la question des mathématiques modernes avec l'aisance d'un Paganini attaquant un morceau infernal.

Là aussi, les novateurs ont sévi. Sous les espèces des terrifiantes mathématiques modernes. Depuis une dizaine d'années, leur nuage toxique, poussé par le vent à partir de la Belgique et de l'Amérique, a

1. Mesrine : bandit célèbre des années 70.

gagné la France. Il s'est infiltré peu à peu dans l'Enseignement supérieur, dans le secondaire, dans le primaire.

Pour ne pas m'asphyxier, M. B. se borne à des généralités.

M. B. : « Les mathématiques modernes sont surtout un vocabulaire. Comme beaucoup de choses de notre temps où les slogans remplacent les réalités. Le mot clé des mathématiques modernes : l'*ensemble*. La théorie des *ensembles*... »

Moi (d'une voix blanche) : « Qu'est-ce que c'est ? » M. B. éclate d'un rire où la courtoisie se nuance de pitié.

M. B. (en se grattant l'oreille) : « Ce n'est pas tellement facile à définir. Une collection de timbres, c'est un *ensemble*. Où ça devient complexe, c'est quand les ensembles sont infinis. »

Devant mes yeux clignotants, il jongle avec les inclusions d'ensembles, les intersections d'ensembles, les réunions d'ensembles.

Moi (dans un souffle) : « Qu'est-ce que c'est ? »

M. B. : « L'ensemble A est inclus dans l'ensemble B si tous les éléments de A appartiennent à l'ensemble B. Dans une collection de timbres français et étrangers, les timbres français sont inclus dans l'ensemble comprenant aussi les timbres étrangers... Dans l'intersection d'ensemble, il s'agit d'un ensemble dont les éléments appartiennent à la fois à A et à B. Vous avez compris ?... »

(Je hoche la tête rêveusement.)

M. B. : « Une réunion d'ensembles, c'est quand un nouvel ensemble contient tous les éléments appartenant à A ou à B. Par exemple, un ensemble A des multiples de 2 : 0, 2, 4, 6 et un ensemble B des multiples de 3 : 0, 3, 6, 9. »

Il s'enfonce dans les arcanes de l'*Algèbre linéaire* et dans l'auscultation des *structures*.

M. B. : « On ne se préoccupe ni des objets ni de la nature des opérations. On définit sur cet objet un certain nombre d'opérations. Pour ne pas les préciser on les désigne par un rond, un carré, une lettre... Vous me suivez ?... »

(Je suis noyé dans des immensités de brumes. La voix de M. B. me parvient du fond de tunnels sans fin. Une nausée me prend. Ai-je perdu conscience pendant quelques instants ? Le knock-out debout : le pire chez les boxeurs. Pour moi, le knock-out assis. Je perçois des bribes de mots.)

M. B. : « Suppression de la géométrie pure, plane et dans l'espace... »

Moi (dans un effort surhumain pour m'arracher à ma torpeur) : « Ah ! oui ?... »

M. B. : « Ç'aurait été une catastrophe. Elle fait appel à l'imagination. Une foule de professions l'utilisent : architecture, tôlerie, épures des profils de carrosseries d'automobiles, constructions navales... Heureusement, dans les prochains programmes de 1980, on la réintroduira en seconde. »

M. B. félicite le ministre de cette initiative. Je me réveille au nom de M. Christian Beullac, heureux d'apprendre enfin une bonne nouvelle parmi tant de désastres. On revient peu à peu à la santé des Mathématiques traditionnelles. On va pouvoir continuer à fabriquer des tôles !...

Sur ma lancée, j'essaie de philosopher :

Moi : « Toutes les choses humaines sont mêlées de bien et de mal. Quels sont les avantages des Mathématiques modernes ?... S'il y en a... », dis-je finement.

M. B. : « Elles ont leur utilité dans l'électronique, l'informatique, les satellites... »

(Il m'enveloppe d'un chaud regard de compassion. Il n'en dit pas plus pour ne pas m'enfoncer.)

Moi : « Et leurs inconvénients ? »... dis-je en prenant pied sur un terrain plus stable.

M. B. : « D'abord, on a eu tort de les introduire beaucoup trop tôt dans l'enseignement, en sixième. D'assener à ces malheureux enfants ce vocabulaire pédant : "*applications bijectives, injectives, surjectives*". On croit que tous les élèves vont préparer Polytechnique. »

Moi : « Toujours cet irréalisme monstrueux, cet utopisme brumeux qui, sous couvert de démocratie, d'épanouissement de l'enfant, le tyrannise, l'atomise, avec un mépris total de ses possibilités, de ses élans, de ses moyens. Ces réformateurs traitent les anciens maîtres de mandarins, alors que ce sont eux les mandarins les plus altiers, ne voyant dans l'enfant que de la chair à réformes, comme les seigneurs de la guerre ne voyaient dans les peuples que de la chair à canons. »

M. B. sourit de me voir émerger de l'étouffement des chiffres pour respirer à l'air libre des mots.

M. B. : « En plus, on habitue les enfants aux machines à calculer. Grâce à cette tolérance, aggravant les méfaits des mathématiques modernes, ils ne savent même plus compter... »

Moi : « Comme ils ne savent plus parler ni écrire. L'entrée dans l'ère audiovisuelle d'une armée de muets, d'analphabètes... Et de sourds, en ajoutant les ravages de la sono. »

M. B. : « Notre petit-fils, en première, ne sait pas extraire une racine carrée. Et n'oublions pas l'écrasement par la télé. Une de nos amies voulait faire jouer un autre de nos petits-fils, beaucoup plus jeune. Il ne savait pas jouer. Il ne s'intéresse qu'à Goldorak. Les enfants ne savent plus jouer ni s'ennuyer. L'ennui était pour l'esprit l'équivalent de la jachère, où la terre se repose avant de donner de plus riches moissons. Aujourd'hui, la radio et la télé, du matin au soir, nous condamnent tous, enfants et adultes, au divertissement perpétuel d'où naît la stérilité. »

(Nous en arrivons à la catastrophe des catastrophes : la scolarité jusqu'à seize ans.)

M. B. : « Une foule d'élèves se traînent en classe comme à l'abattoir. Ils empoisonnent leurs camarades et leurs professeurs. Ils font tout pour se faire renvoyer. D'où une atmosphère irrespirable et, chez les enseignants, tant de dépressions nerveuses, qui vont souvent jusqu'au suicide.

« Sous la Terreur, pour désengorger les prisons, on actionnait la guillotine. Aujourd'hui, pour désembouteiller les écoles, on crie : " Circulez ! Circulez !... " On ne fait plus redoubler.

« Je siégeais dans un conseil de classe. Pour les passages de première en terminale, sur trente-cinq élèves, j'en avais fait redoubler une quinzaine, des nullards. Affolé, le président me supplia : " Pas plus de cinq redoublants !... " Alors je fais passer tout le monde ! Tout le troupeau s'est engouffré. C'est pour ça qu'en C il y a tant de brebis galeuses... »

* * *

Conscience professionnelle, héritée de mon métier d'enseignant. Nul en maths, je m'acharne à éclairer ma nullité. Un malade, allant de médecin en médecin, pour exorciser son mal.

Un second professeur de maths me reçoit. Un joyeux retraité, étincelant de malice. Un mathématicien qui rit est pour moi comme un chirurgien qui m'ouvrirait le ventre en s'esclaffant.

Même son de cloche chez le radieux M. N. que chez M. B. Lui aussi stigmatise le vocabulaire des mathématiques modernes : on fait croire qu'il y a une difficulté où il n'y en a pas. En pleine Beauce, on fait croire qu'il y a l'Himalaya. La presse dénonce parfois des éducateurs qui ont abusé des enfants qui leur étaient confiés. Intellectuellement, dans les mathématiques modernes comme ailleurs, c'est le crime de nos réformateurs.

Mon rieur impitoyable me replonge la tête dans les *ensembles*. Il raffine avec des A union B, qui s'écrivent A U B et des D inter B qui s'écrivent D ∩ B. Il me lance à la figure la propriété de *commutativité*.

M. N. : « Quand on peut changer l'ordre des éléments : 5 + 3 est égal à 3 + 5. De même 5 × 3 est égal à 3 × 5. Ça ne se reproduit pas éternellement : $\frac{5}{3}$ n'est pas $\frac{3}{5}$. »

Pour prendre au collet l'abus verbal, il empoigne un manuel de maths, cinquième collèges. Dans une classe : quatre élèves : Bernard, Denise, Guy, Louis, sont nés en 1966 ; quatre : Claire, François, Olivier, Suzanne, sont nés en 1965 ; deux : Henri et Martine sont nés en 1964.

Dans le manuel, page 23, cette constatation simplette devient :

« On obtient les sous-ensembles de E suivants :

$$E\ 1 = \{B,\ D,\ G,\ L\}$$
$$E\ 2 = \{C,\ F,\ O,\ S\}$$
$$E\ 3 = \{H,\ M\}$$

« On dessine deux figures, d'où on constate que :

a) les sous-ensembles de E 1, E 2, E 3 ne sont pas vides ;

b) $E\,1 \cap E\,2 = \varnothing$; $E\,1 \cap E\,3 = \varnothing$;
$E\,2 \cap E\,3 = \varnothing$

c) $E\,1 \cup E\,2 \cup E\,3 = E$

« Les sous-ensembles (ou parties) E 1, E 2, E 3 de E réalisent une partition de E. On dit que l'ensemble E 1, E 2, E 3 est une partition de E ; les sous-ensembles de E 1, E 2, E 3 sont les éléments de cette partition. »

Les pages 47 à 49 déchaînent l'indignation de M. N.

M. N. « On déploie un luxe oiseux de tableaux et de graphiques pour l'addition de 3 + 5 qui devrait être connue depuis trois ans.

« Page 75, au lieu de dire tout bonnement 9 fois 0 zéro, sous prétexte que la multiplication est une addition cachée, regardez tout le fla-fla :

« Déterminons les multiples de zéro ; on a :

× 0	S_1	0	1	2	3	4	5	6	7	8	9
		↓	↓	↓	↓	↓	↓	↓	↓	↓	↓
	S	0	0	0	0	0	0	0	0	0	0

« La suite S n'est autre que la suite S_0 : tous les multiples de 0 " sont nuls ". »

(Le triomphe du chiqué, de l'esbroufe, de la poudre aux yeux.)

Tandis que je m'essuie les yeux, larmoyant de cette poudre, M. N. reconnaît l'utilité des notions d'union, d'intersection, de commutativité dans l'utilisation des circuits électriques, dans les ordres donnés aux machines en appuyant sur des boutons. Mais pas en sixième et en cinquième, grands dieux !

« J'ai vu des instituteurs pleurer sur les mathématiques modernes. Sans compter les parents et les élèves... »

(Ce sont ces larmes qui me brûlent. Je suis plus inquiet de savoir si le courant passe ou ne passe pas dans l'esprit des élèves de sixième et de cinquième que dans un circuit électrique, ouvert ou fermé en X ou en Y.)

Espoir ?...

Jacques,

Après tant d'erreurs, d'illusions, d'acharnement à nuire, pouvons-nous garder encore quelque espoir ? Oui, grâce à l'acharnement à lutter et à vivre de l'immense majorité des enseignants et des parents, grâce aux réactions de saine nature de la plupart des jeunes comme toi. Grâce à la révolte jaillie des profondeurs de la nation.

Grâce aussi à la lucidité d'un ministre auquel je n'ai pas épargné les malices au cours de cette lettre, mais qui force l'admiration par la noblesse et la générosité de ses vues.

En lisant le texte de l'allocution que Christian Beullac a prononcée à Sèvres, le 12 octobre 1979, « aux journées d'études annuelles de l'Association amicale des inspecteurs généraux de l'Instruction publique », j'ai repris espoir. Je voudrais pouvoir la reproduire intégralement, en prenant la liberté (vieille habitude de professeur), de griffonner, ici ou là, en marge, mes petites remarques. Avec une ampleur, une humanité, un tact mariant les contraires, le ministre a tracé la route que doit s'ouvrir, parmi les tempêtes, l'éducateur de l'Apocalypse.

Le monde change. Tout le monde, suivant sa

nature, le sait, le dit, le soupire, le gémit, le crie, le hurle. « Nous sommes passés en peu d'années d'une société industrielle à une société scientifique, d'une société à échelle réduite, où les communications étaient limitées et lentes, à une société mondiale, kaléidoscopique et encombrée, où la distance et le temps sont abolis... »

(MOI : Pour être remplacés par des distances plus astronomiquement infranchissables que celles qui nous séparent des plus lointaines étoiles : les distances mentales qui séparent le monde libre du monde esclave, les idéologies, les partis. Quant au temps, il n'est aboli que dans ses rapports avec la distance à parcourir. Il subsiste dans l'esprit, dans les mœurs : à la surface de la planète, certaines sociétés, actuellement, en sont restées aux temps primitifs, tandis que d'autres vivent déjà au XXIe siècle.)

« Oui, l'école doit changer. Oui, l'école doit s'adapter. Non pas pour se soumettre à un certain état du monde ou de la société, mais pour permettre aux élèves qu'elle forme, à tous les élèves, quels que soient leur origine ou leur milieu, de mieux maîtriser ce monde et cette société, d'y vivre pleinement leur vie d'homme... »

Christian Beullac s'est fixé et fixe aux éducateurs « trois objectifs, étroitement complémentaires... : l'ouverture au monde, la cohérence, la formation de la personnalité ».

L'ouverture au monde :

« J'entends par là une ouverture aux réalités mêmes de la vie en société (le travail, l'entreprise, le système économique), à la culture de notre temps et aux nouveaux moyens d'expression et de communication...

« L'école ne peut pas ignorer les technologies

modernes, “ audiovisuel, informatique, télématique ”. Elles “ ont modifié la situation de l’enseignant ”. Elles bouleversent en effet les canaux classiques de la transmission des informations et des connaissances et transforment donc les relations que maîtres et élèves entretiennent, à la fois les uns par rapport aux autres et les uns et les autres par rapport au savoir.

« Le maître n’est plus comme autrefois le seul dispensateur et la seule source du savoir. Je n’en veux pour preuve que cette boutade un peu amère d’un enseignant : “ Le professeur est un document parmi d’autres qui a besoin de se recycler sous peine d’être rapidement périmé... ” Quant à l’élève, il se situe aux frontières du savoir constitué par l’école et du savoir éclaté, en cours de constitution, tel que le lui fournissent surabondamment les media et plus généralement ce que l’on nomme, d’une expression doublement impropre (ce n’est pas une école, et elle interfère sans cesse avec la vraie), l’*école parallèle*... »

Mais l’école ne peut tirer parti utilement des media qu’en maintenant, par rapport à elles, « la distance critique qui s’impose ». « Ni grands prêtres ni comptenteurs de la déesse informatique ou du dieu audiovisuel, les éducateurs doivent réinventer de nouvelles lucidités et de nouveaux équilibres »...

« Dans ce monde où l’essentiel côtoie le contingent, l’important le dérisoire, le permanent le périssable, le profond le superficiel, l’intemporel l’éphémère, le vrai le faux, comment se repérer ?... Il ne s’agit pas alors pour l’enseignant de trancher et d’arbitrer mais d’aider les jeunes à y voir clair, à renouer les fils, à remettre les mots et les choses à leur juste place, bref à “ s’y retrouver ”... »

Christian Beullac signale un danger que beaucoup risqueraient de ne pas voir ou de minimiser :

« L'erreur... serait de croire que les apprentissages systématiques dispensés à l'école vont se substituer purement et simplement aux apprentissages spontanés et que les " bonnes " représentations vont chasser, comme par magie, les " mauvaises "... Elles s'y juxtaposent, ajoutant encore à l'impressionnisme et au syncrétisme invertébré d'un univers mental qui est celui, à en juger par le langage désarticulé, heurté, destructuré qu'ils emploient, de bien des jeunes d'aujourd'hui... »

(Moi : Mais précisément, ces jeunes n'emploient-ils pas ce langage parce que l'école ne leur en a pas enseigné un autre, avec assez de fermeté, de rayonnement, d'imagination ?)

Solution que propose Christian Beullac : que le maître prenne « davantage appui sur les réactions des enfants à leur environnement ».

(Moi : Ces réactions sont le plus souvent des réactions de soumission. Révolte contre les contraintes qui les gênent mais qui assureraient leur liberté. Soumission au laxisme qui prépare leur esclavage. Ils gobent comme des hosties tous les ânonnements de la télé.)

Deuxième objectif : la cohérence.

« Face à cette école parallèle, face au savoir en miettes, l'enseignant doit se resituer non pas en termes de concurrence ou de méfiance mais en termes de médiation. Son véritable rôle n'est-il pas en effet de donner aux jeunes des structures intellectuelles, des concepts opératoires, des méthodes de travail, ce que l'on a pu appeler des *savoirs-outils,* qui lui permettent de trier, d'organiser, de mettre en forme la multiplicité des informations qu'ils reçoivent des sources les plus variées ?... »

(MOI : On ne pourra dominer *le savoir en miettes* que par le *savoir-bloc,* le savoir-rocher, le savoir résistant. “ Tu es Pierre et sur cette pierre je bâtirai mon Église ”, dit Jésus à l’apôtre. Cette pierre de l’Église du savoir c’est précisément ce que l’on a réduit en poussière : les classiques, le latin, l’histoire, le dessin. Si on ne rétablit pas tout ce qui muscle l’esprit de l’enfant, tout ce qui l’arme de *structures intellectuelles,* et qui lui apprend à penser dans toutes les circonstances, quelles que soient les évolutions du monde, on sombrera de plus en plus dans le savoir-poussière, le savoir-néant, le non-savoir.)

« Il ne peut plus être seulement question de transmettre le savoir acquis mais également les modes d’acquisition du savoir à venir. A la conception d’une formation initiale limitée à l’école il faut substituer celle d’une formation permanente s’accomplissant tout le long de l’existence. D’où la nécessité de développer l’ “ aptitude à l’autoformation ”.

« Car le devoir de l’école... n’est pas seulement d’adapter les jeunes à notre monde mais de leur donner les moyens de construire et de vivre le leur... »

(MOI : Attention ! Ne pas retomber dans cette erreur : les jeunes représentent le présent ; nous, les adultes, représentons le passé. Le présent n’existe pas. Ce que je viens d’écrire est déjà du passé. Pas plus que nous, les jeunes ne sont le présent. Ils ne seront l’avenir qu’en cessant d’être jeunes. Et ils ne se projetteront dans l’avenir qu’en s’appuyant sur le passé. Le passé : tremplin de l’avenir. « Qui n’a pas de passé n’a pas d’avenir », rappelons le mot d’un syndicaliste.)

« Il ne s’agit plus pour l’école simplement de transmettre et de reproduire le passé, de préparer à l’avance des comportements stéréotypés, d’installer des conformismes et des actions répétitives, mais de susciter la créativité et les pensées divergentes qui permettront aux futurs adultes de faire face à l'imprévu, en un mot d'innover. " Diverge ou meurs ", voilà quel doit être, selon une formule récente de M. de Landsheere, le maître-mot de l'école et de la société d'aujourd'hui... »

(MOI : « Diverge ou meurs » : le programme précisément des génies créateurs aux temps où l'on se contentait de créer, sans *créativité*. Tous ces génies qu'en Littérature et en Histoire l'école a assassinés. Ce sont eux qui apprendraient aux élèves à diverger. Une Église sans saints est morte, de même qu'une école sans génies. Les saints et les génies, ces maîtres des divergences.

Ô Créativité, que de crimes on commet en ton nom ! pourrions-nous crier, en parodiant l'apostrophe à la Liberté de Mme Roland, montant à l'échafaud. De grâce, pour parler aux jeunes, n'employons plus ce mot qui les tue !)

Christian Beullac invite les jeunes à conquérir leur autonomie. « Aux antipodes du laxisme et de la non-directivité, elle exige un véritable apprentissage, c'est-à-dire tout un travail d'acquisition de savoirs et de savoir-faire. L'autonomie ne signifie pas refus des dépendances, des conseils et des modèles mais aptitude à les assumer de façon critique, responsable et constructive... »

(Nous débouchons ainsi sur une notion capitale que l'on a bafouée et rayée de notre vocabulaire depuis tant d'années. Au point qu'il faut être un héros pour la nommer. Et braver l'arme la plus mortelle : le ridicule.)

« On touche là une dimension de l'acte éducatif qui déborde l'instruction proprement dite et relève de ce qu'il faut avoir le courage d'appeler par son nom : la formation morale. L'école n'est pas simplement le lieu où l'on acquiert des connaissances et des méthodes de travail mais aussi le lieu où l'on développe sa personnalité et forge son caractère en se préparant à ses futures responsabilités de citoyen, de producteur, et de consommateur. »

Troisième objectif : l'épanouissement de tout l'être.

« Notre enseignement n'a eu et n'a encore que trop tendance à s'enfermer dans le ghetto de l'abstraction : il est urgent d'y établir ou d'y rétablir, dans toute sa plénitude, la dimension proprement culturelle... »

(MOI : *La peste, puisqu'il faut l'appeler par son nom.* L'abstraction : la nouvelle peste. Jamais autant qu'aujourd'hui notre enseignement ne s'est « enfermé dans le ghetto de l'abstraction ».)

Pour Christian Beullac, la culture est « un système d'aptitudes, de références, de valeurs. Bref, un outil pour l'action et non pas seulement un ornement pour les loisirs. De ce point de vue, les anciennes distinctions entre " littéraires ", " scientifiques " et " techniciens " me paraissent singulièrement vaines. Je profite d'ailleurs de l'occasion pour réaffirmer avec force ma volonté de redonner aux disciplines de la sensibilité et aux activités manuelles la part légitime qui leur revient dans le développement harmonieux de la personne. »

« La culture... c'est aussi un système de références : le présent n'a de sens que par rapport à un passé qui permet de le situer mais sur lequel il ne va pas manquer de jouer en retour... »

Enfin, les valeurs.

« Affirmer l'exigence d'une morale éducative, ce

n'est pas réclamer un ordre moral ou totalitaire. L'école n'a pas à endoctriner, elle n'a pas davantage à se poser en rivale de la famille. Mais il faut en finir avec les excès d'un certain autoritarisme. Il faut vouloir restaurer à l'école un certain nombre d'exigences et de valeurs (sens de l'effort et du dépassement de soi, goût du travail bien fait, respect d'autrui, courage), faute de quoi nous préparons à nos enfants – et nous nous préparons – de très amères déconvenues. »

(Moi : Et la plus amère de toutes : la mort de la France.)

« Ces exigences n'ont pas seulement pour fin toute pragmatique de permettre une véritable vie en commun, c'est-à-dire une vie qui ne se réduise pas à la simple juxtaposition, quand ce n'est pas au conflit, d'un certain nombre d'égoïsmes. Mais elles sont aussi et surtout la garantie, j'allais dire la sauvegarde, de ce pluralisme qui est le fondement même de notre société, telle que nous la concevons en France depuis 1789. »

(Moi : ... Depuis 1789 ... 191 ans seulement... Au-delà de ce *pluralisme* de blanc-bec, auquel je tiens autant que vous, j'ai de plus vastes ambitions : une société dont les sources remonteraient infiniment plus loin. Vous cherchiez tout à l'heure à tâtons comment vous *repérer* ... « dans ce monde où l'essentiel côtoie le contingent, l'important le dérisoire, le permanent le périssable, le profond le superficiel, l'intemporel l'éphémère, le vrai le faux... ». Un homme s'échina à faire trois fois le tour du monde pour chercher la femme idéale, qui l'attendait chez lui. Comment mieux *se repérer* parmi ce torrent d'apparences, qu'en rattachant nos enfants non à l'éphémère mais à l'éternel, qui les attendait chez nous ? – A Dieu ? me demanderez-vous en fronçant le sourcil. – A Dieu pour les croyants, mais cet Éternel ne concerne pas l'École laïque, bien qu'il représente sans doute une valeur d'avenir : « L'an 2000 sera religieux ou ne sera pas », prophétisa Malraux. Non, je pense à l'éternel avec un petit e. A ce qu'il y a d'éternel en l'homme, à ses motifs et à ses mobiles éternels, subsistant sous la fugacité des modes de pensée, de politique, de vêture, à ce qui n'a pas changé en l'homme depuis Socrate. L'enseignement, cette seconde nature, devrait faire naître en chacun de nos enfants l'homme éternel qui est en lui. En revenant aux *humanités,* dont c'était la mission. En les rénovant, les oxygénant, les activant. En les parant des vertus stimulantes de l'imagination. A condition de retrouver les *humanités* gréco-latino-françaises aujourd'hui, et à jamais. En ajoutant, autour de ce soleil, toutes les constellations des *humanités* de l'Europe et du monde. Accueil infini de l'esprit, recouvrant ses forces.

Tout au long de votre allocution, j'ai cherché en vain une allusion à une *discipline* qui figure encore, je crois, aux programmes, mais si honteusement qu'il faut gratter dans les coins pour la trouver : l'instruction civique. (Au passage, laissez-moi rire de l'emploi pompeux de ce mot *discipline,* alors qu'il n'y a pas plus de *discipline* à l'école que de beurre en branche.)

Oui, vous dites à un moment : « L'école n'est pas simplement le lieu où l'on acquiert des connaissances... mais aussi le lieu où l'on développe sa personnalité et forge son caractère en se préparant à ses futures responsabilités de citoyen... »

Citoyen sous-entendait *instruction civique.* Cela va sans dire, alléguerez-vous. – Cela irait encore mieux en le disant, vous répondrai-je à la façon de M. de Talleyrand.

D'autant plus que vous infligez au noble mot de

citoyen d'étranges voisins : « ... en se préparant à ses futures responsabilités de citoyen, de producteur et de consommateur. » Le citoyen, un des membres sacrés de la République, c'est-à-dire de l'État. Celui que l'on reconnaissait, selon Fustel de Coulanges, *à ce qu'il avait part au culte de la cité,* celui qui marchait sous le bouclier de *La Déclaration des droits de l'homme et du citoyen,* celui qui, en votant, *accomplissait son devoir de citoyen,* celui qui chantait *La Marseillaise : Aux armes, citoyens !...* le voilà confondu avec le fabricant de nouilles et avec le consommateur de saucisses. J'adore les nouilles et la saucisse. Mais les mélanger avec le citoyen, n'est-ce pas oublier son caractère sacré et poursuivre, innocemment peut-être, mais sûrement, l'entreprise de désacralisation qui mène l'Occident à sa ruine ?

Je comprends maintenant pourquoi vous n'avez pas prononcé formellement les mots d'*instruction civique* : la formation du citoyen, instruit de ses droits et de ses devoirs envers lui-même, envers les autres, envers l'État, informé des moyens par lesquels, en paix et en guerre, il doit maintenir et accroître la cohésion de la nation, son bonheur et sa liberté.

Je comprends aussi pourquoi vous n'avez pas prononcé un autre mot. Pourtant, tout à l'heure, vous étiez lancé. Vous avez eu le courage d'articuler les mots bannis de *formation morale*. Allons, un dernier effort ! Dans votre élan, pourquoi n'auriez-vous pas aussi le courage de rappeler d'exil un mot honni, que nous ne permettons qu'aux autres ? A un moment, vous l'aviez sur le bout des lèvres : « Permettre une véritable vie en commun. C'est-à-dire une vie qui ne se réduise pas à la simple juxtaposition, quand ce n'est pas au conflit, d'un certain nombre d'égoïsmes... »

Qu'est-ce qui permet le mieux ce miracle sinon... permettez-moi de vous souffler, comme en classe sous le pupitre... sinon... la patrie ? La chaleur du foyer national, multipliant celle de la famille. La conscience fraternelle des bonheurs et des défauts, réparables, de notre société, la conviction viscérale que nous sommes destinés à vivre, ou à mourir ensemble et que nulle part au monde nous ne pourrons trouver mieux que dans ce pays que le Hollandais Grotius, écrivant à Louis XIII, appelait *le plus beau royaume après celui du ciel.*

Un citoyen des USA a le droit d'évoquer sa patrie américaine, un citoyen de l'URSS sa patrie soviétique, un citoyen de la Chine sa patrie chinoise. Pourquoi un ministre de notre Cinquième République, s'adressant aux éducateurs de son pays, n'aurait-il pas le droit d'évoquer la patrie française ?

Parmi les valeurs à retrouver, vous citez « le respect d'autrui, la tolérance, la solidarité, la générosité » ... Vous voyez bien que vous aviez oublié quelque chose. Encore un petit effort, monsieur le Ministre, pour ce mot que les Français n'osent plus prononcer et sans lequel, ici, entre ces montagnes, ces rivières, ces mers familières, sous ce ciel délicieux, ils ne retrouveront jamais le bonheur.)

Table

Œuvres de Paul Guth

Grand Prix du roman de l'Académie française 1956
Grand Prix de la Ville de Paris 1964
Grand Prix de Monaco 1973
Grand Prix de littérature de l'Académie française 1978

AUTOUR DES DAMES DU BOIS DE BOULOGNE (1946) *(Julliard)*.
LES SEPT TROMPETTES, roman (1948) *(Julliard)*.
QUARANTE CONTRE UN (1re série) (1947) *(Corrêa)*.
QUARANTE CONTRE UN (2e série) (1951) *(Denoël)*.
QUARANTE CONTRE UN (3e série) (1952) *(Denoël)*.
MICHEL SIMON *(Calmann-Lévy)*. – PHILIPPE NOYER *(Orféa)*.
L'ACADÉMIE IMAGINAIRE, illustré de photographies
de Jean-Marie Marcel *(Éditions d'Histoire et d'Art)*.
LE POUVOIR DE GERMAINE CALBAN, roman *(Amiot-Dumont)*.
LE NAÏF *(Albin Michel)*
MÉMOIRES D'UN NAÏF, roman (Prix Courteline 1953).
LE NAÏF SOUS LES DRAPEAUX, roman (1954).
LE NAÏF AUX 40 ENFANTS, roman (1955).
LE NAÏF LOCATAIRE, roman (Grand Prix du roman
de l'Académie française, 1956).
LE MARIAGE DU NAÏF, roman (1957).
LE NAÏF AMOUREUX, roman (1958). – SAINT NAÏF, roman (1959).
LE NAÏF DANS LA VIE, présenté par G. Delaisement (Didier).
JEANNE LA MINCE *(Flammarion)*.
JEANNE LA MINCE, roman (1960).
JEANNE LA MINCE À PARIS, roman (1961).
JEANNE LA MINCE ET L'AMOUR, roman (1962).
JEANNE LA MINCE ET LA JALOUSIE, roman (1963).
LE SAVOIR-VIVRE ACTUEL (Dictionnaire), en collaboration
avec Michelle Maurois *(Gallimard)*.
SAINT LOUIS ROI DE FRANCE (1960) *(Bloud et Gay)*.
PARIS NAÏF (avec des photographies de GEORGES GLASBERG) (1962)
(Grasset).
LA CHANCE (1963) *(Collection « Notes et Maximes », Hachette)*.
HISTOIRE DE LA LITTÉRATURE FRANÇAISE (t. I et II) (1967) *(Fayard)*.
LETTRE OUVERTE AUX IDOLES (1968) *(Albin Michel)*.
HISTOIRE DE LA DOUCE FRANCE (t. I et II, 1968-1970) *(Plon)*.
MAZARIN (1972) *(Flammarion)*.
LE CHAT BEAUTÉ, roman (1975) *(Flammarion)*.
(Prix du Roman français 1975).
(Grand Prix d'Honneur des Méridionaux de Paris 1975).
LETTRES À VOTRE FILS QUI EN A RAS LE BOL (1976) *(Flammarion)*.
NOTRE DRÔLE D'ÉPOQUE COMME SI VOUS Y ÉTIEZ (1977) *(Flammarion)*.
MOI, JOSÉPHINE, IMPÉRATRICE (1979) *(Albin Michel)*

Théâtre

FUGUES (Prix du Théâtre, 1946).
LES AMANTS CAPTIFS, opéra, musique de PIERRE CAPDEVIELLE.

Livres pour la Jeunesse

(Prix des Écrivains Combattants).
LES PASSAGERS DE LA GRANDE OURSE *(Gallimard)*.
L'ÉPOUVANTAIL *(Gallimard)*.
LA LOCOMOTIVE JOSÉPHINE *(Albin Michel)*.
MOUSTIQUE ET LE MARCHAND DE SABLE *(Casterman)*.
MOUSTIQUE ET BARBE-BLEUE *(Casterman)*.
MOUSTIQUE DANS LA LUNE *(Casterman)*.
LE SÉRAPHIN COURONNÉ *(Berger-Levrault)*.
HENRI IV *(Berger-Levrault)*.

Collection « Lettre ouverte »

René Andrieu	*Lettre ouverte à ceux qui se réclament du socialisme*
Christine Arnothy	*Lettre ouverte aux rois nus*
Robert Aron	*Lettre ouverte à l'Église de France*
Yvan Audouard	*Lettre ouverte aux cons*
René Barjavel	*Lettre ouverte aux vivants qui veulent le rester*
André Bergeron	*Lettre ouverte à un syndiqué*
Pierre de Boisdeffre	*Lettre ouverte aux hommes de gauche*
Gaston Bouthoul	*Lettre ouverte aux pacifistes*
Philippe Bouvard	*Lettre ouverte aux marchands du Temple*
R. L. Bruckberger	*Lettre ouverte à Jésus-Christ*
Jean Cau	*Lettre ouverte aux têtes de chiens occidentaux*
Jean Cau	*Lettre ouverte à tout Le Monde*
Gilbert Cesbron	*Lettre ouverte à une jeune fille morte*
François Chalais	*Lettre ouverte aux pornographes*
Salvador Dali	*Lettre ouverte à Salvador Dali*
Pierre Debray-Ritzen	*Lettre ouverte aux parents des petits écoliers*
Pierre Démeron	*Lettre ouverte aux hétérosexuels*
Roland Dorgelès	*Lettre ouverte à un milliardaire*
Maurice Duverger	*Lettre ouverte aux socialistes*
Georges Elgozy	*Lettre ouverte à un jeune technocrate*
Robert Escarpit	*Lettre ouverte à Dieu*
Robert Escarpit	*Lettre ouverte au diable*
Alfred Fabre-Luce	*Lettre ouverte aux chrétiens*
Jean Ferré	*Lettre ouverte à un amateur d'art*
Jean Fougère	*Lettre ouverte à un satyre*
Jean Fourastié	*Lettre ouverte à quatre milliards d'hommes*
Maurice Garçon	*Lettre ouverte à la Justice*
Jean Grandmougin	*Lettre ouverte au ministre de l'Information*
Paul Guth	*Lettre ouverte aux idoles*
Paul Guth	*Lettre ouverte aux futurs illettrés*
Jean-Edern Hallier	*Lettre ouverte au colin froid*
Roger Ikor	*Lettre ouverte aux Juifs*

ROGER IKOR	*Lettre ouverte à de gentils terroristes*
MICHEL JOBERT	*Lettre ouverte aux femmes politiques*
ROBERT LAFFONT	*Lettre ouverte aux Français d'un Occitan*
JEAN LARTÉGUY	*Lettre ouverte aux bonnes femmes*
JACQUES LAURENT	*Lettre ouverte aux étudiants*
ANDRÉ MAUROIS	*Lettre ouverte à un jeune homme*
HENRI MODIANO	*Lettre ouverte aux gaullistes trahis*
FRANÇOIS NOURISSIER	*Lettre ouverte à Jacques Chirac*
FRANÇOISE PARTURIER	*Lettre ouverte aux hommes*
FRANÇOISE PARTURIER	*Lettre ouverte aux femmes*
LOUIS PAUWELS	*Lettre ouverte aux gens heureux*
JEAN-FRANÇOIS REVEL	*Lettre ouverte à la droite*
JULES ROMAINS	*Lettre ouverte contre une vaste conspiration*
DENIS DE ROUGEMONT	*Lettre ouverte aux Européens*
ALEXANDRE SANGUINETTI	*Lettre ouverte à mes compatriotes corses*
ALBERT SIMONIN	*Lettre ouverte aux voyous*
ANDRÉ SOUBIRAN	*Lettre ouverte à une femme d'aujourd'hui*
ROBERT SOUPAULT	*Lettre ouverte à un malade en colère*
JACQUES SOUSTELLE	*Lettre ouverte aux victimes de la décolonisation*
JACQUES STERNBERG	*Lettre ouverte aux Terriens*
GEORGES SUFFERT	*Lettre ouverte aux gens de vingt ans à qui l'on ment*
PAUL VIALAR	*Lettre ouverte à un jeune sportif*
PIERRE VIANSSON-PONTÉ	*Lettre ouverte aux hommes politiques*
WOLINSKI	*Lettre ouverte à ma femme*
GÉRARD ZWANG	*Lettre ouverte aux mal-baisants*

La composition
et l'impression de ce livre ont été effectuées
par l'Imprimerie Aubin à Ligugé
pour les Éditions Albin Michel

AM

Achevé d'imprimer en octobre 1980
N° d'édition 6946 N° d'impression L 12951
Dépôt légal 4ᵉ trimestre 1980

Imprimé en France